Sven

Ich möchte dem alten Herrn in die Karten schauen,
seine Gedanken kennen, alles andere sind Details.

Albert Einstein

Bibliographische Information der Deutschen Bibliothek:
Die Deutsche Bibliothek verzeichnet diese Publikation
in der Deutschen Nationalbibliographie;
Detaillierte bibliographische Daten sind im Internet über
<http://dnb.ddb.de> abrufbar.

ISBN-9783752867749
1. Auflage 2018
© 2018 Kai-Uwe Schroeter
Vertrieb: Libri
Herstellung und Verlag: BoD Books on Demand, Norderstedt
Bildlizenzen: fotolia. Alle Lizenzen zur Veröffentlichung beim Autor.
Titelbild: Sergey Nivens, Shilouette of a man, fotolia

Kai-Uwe Schroeter

deus to go

Gott für unterwegs

ein Streifzug durch Theologie und Quantenphysik

FSC

www.fsc.org

MIX

Papier aus ver-
antwortungsvollen
Quellen
Paper from
responsible sources

FSC® C105338

Inhalt

Kapitel 1: Paradigmenwechsel

Kapitel 2: Quantenphysik

Kapitel 3: Leben in der Matrix

Kapitel 4: Von Geist zu Geist

deus to go ...

... das heißt soviel wie: *Gott für Unterwegs.* Dieser Titel fiel mir spontan ein, um das zu beschreiben, was Sie auf den folgenden Seiten erwartet. Es klingt nach leichter Kost, so wie der *coffee to go,* der uns mittlerweile überall hin begleitet. Ein Kaffee zum Mitnehmen ist schnell zubereitet und überall zu genießen. So etwas passt irgendwie zu uns und unsere Zeit.

Eine *Theologie für Unterwegs* lässt erwarten, in ähnlicher Weise zu uns zu passen wie ein solcher Kaffee. Ich möchte es so umschreiben: Dieses Buch wendet sich an Menschen, die wenig Zeit haben, oder an solche, die meinen, wenig Zeit zu haben, aber trotzdem eine eigene Kompetenz in Glaubensfragen entwickeln möchten.

Normalerweise versteht man unter einer *Theologie* eine *Lehre von Gott.* Ein Studium der Theologie bringt die wissenschaftliche Beschäftigung mit einer solchen Lehre mit sich; mit ihrem Anspruch, ihrer Überlieferung und ihrer Geschichte. Ich gebe zu: Das klingt schon so, als sei es für Leute, die zu viel Zeit haben.

Ich möchte in *deus to go* keinen Abriss der christlichen Lehre darstellen, der sowieso nur Leute interessiert, die schon auf der Schulbank im Fach Geschichte gut waren. Ich möchte vielmehr *Aspekte* darstellen, die mich in meinem eigenen Nachdenken weitergebracht haben.

> Ein eigener Standpunkt im Glauben
> ist ein Fundament für das Leben.

Ich hoffe damit, dass der Leser ebenfalls einen eigenen Standpunkt in Glaubensfragen gewinnt. Denn ein solides geistiges Fundament gibt dem Leben Orientierung.

Die Sache mit Gott

... ist seit Adam und Eva ein Thema. Sie interessiert nicht nur religiös veranlagte Menschen. Schon immer haben Menschen auf der Suche nach Sinn ihre Vorstellungen von Gott entwickelt.

So groß die religiöse Vielfalt im Einzelnen auch erscheinen mag, sie ist nicht unüberschaubar.
Ein Vergleich der großen Weltreligionen zeigt, dass diese trotz aller Unterschiede um die gleichen wichtigen Themen kreisen.

Das trifft besonders auf die sogenannten drei *abrahamitischen Religionen* zu: Judentum, Christentum und Islam stehen in einem direkten Abhängigkeitsverhältnis zueinander und bekennen den Glauben an *einen* Gott.

Anders ist das Verhältnis zu den *östlichen* Religionen, denen ein ganz anderes Denken zugrunde liegt, das uns im Westen erst in neuerer Zeit bekannt geworden ist.

Weltbilder

spiegeln in der Regel das Denken der Zeit wieder.

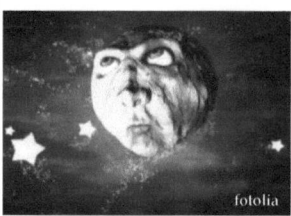

Das älteste uns überlieferte Weltbild stammt aus dem *Paläolithikum*, wie es sich in Höhlen– und Felsbildern präsentiert.

Im *Neolithikum* findet sich ein ganz anderes Weltbild, das sich an den entstehenden Stadtstaaten orientiert.

Große Veränderungen gibt es wieder in der *Bronzezeit* als die ersten Flächenstaaten entstehen.

Mit der Astronomie, den Naturwissenschaften und den Religionen geht die Entwicklung über *Antike, Mittelalter und Neuzeit,* sowie über die entsprechenden Kulturphasen im außereuropäischen Bereich.

Erst mit der *Quantenphysik* bahnt sich ein neues Weltbild an, das die herkömmlichen Physik auf den Kopf stellt - und damit auch dem - auf der alten Physik beruhenden - mechanisch-materialistischem Weltbild ein Ende bereitet.

Einen eigenen Standpunkt in Glaubensfragen zu finden, ist ein sehr anspruchsvolles Unterfangen. Noch dazu, wenn man den Anspruch hat, dass die theologischen Positionen nicht im bloßen Wiederholen alter Lehrsätze bestehen dürfen, sondern in irgendeiner Weise nachvollziehbar sein müssen. Das bedeutet zum Beispiel, dass ich im Glauben und Denken *mit mir selbst identisch* bleibe - und nicht sonntags zum Kirchgang in eine religiöse Parallelwelt springen kann, aus der ich dann ernüchtert in den Alltag wiederkehre. Der Petrusbrief im Neuen Testament ermahnt uns:

> *Seid allezeit bereit zur Verantwortung vor jedermann, der von euch Rechenschaft fordert über die Hoffnung, die in euch ist.*
>
> 1. Petrus 3,15

Als jemand, der gern und gründlich Theologie studiert hat, bin ich mir bewusst, dass man an den theologischen Fakultäten nicht überall davon überzeugt ist, eine Lehre von Gott müsse auf der Höhe der Zeit sein. Ganz im Gegenteil: Man hat sich sehr lange daran gewöhnt, den sogenannten *Zeitgeist* am besten links liegen zu lassen. So lief man auch nicht Gefahr, sich diesem Geist anzupassen, was oftmals als das Schlimmste aller Sakrilegien angesehen wurde. Dabei hatte man vergessen, dass jede Theologie auch ein Produkt ihrer Zeit ist, also eine alte Theologie genauso viel Zeitgeist atmet wie eine neue.

Deus to go ist ein Buch für Menschen, die nicht davor zurückschrecken, ihren Glauben mit der Gegenwart in Verbindung zu bringen, also mit der Zeit, in der sie auch wirklich leben. Nicht etwa, um Gott beweisen zu wollen, sondern um authentisch mit sich selbst zu bleiben.

Doch Vorsicht: *Einfach*, wie ein Kaffee zum Mitnehmen, wird auch das nicht, leider. Wer sich nicht mit vorgefertigten Floskeln in Glaubensfragen abspeisen lassen will, kommt um das eigene Nachdenken nicht herum. Denn meistens gibt es nicht die erwünschten *einfachen* Antworten auf die komplizierten Fragen des Lebens. Das wäre zu schön, um wahr zu sein. Manchmal erwarten uns sogar *komplizierte* Antworten auf die einfachen Fragen. Wer hätte das gedacht?

Ich weiß nicht, wer als erster die These aufgestellt hat, dass eine Religion einfach zu verstehen sein muss. Ein Blick in die theologischen Bücher reicht schon, um zu erkennen, dass dies nicht so ist. Aber das sollte uns nicht entmutigen. Denn immerhin geht es um ein kompliziertes Thema: Gott Wenn es schon schwierig ist, diese Welt zu verstehen, wieviel schwieriger muss es sein, das Geheimnis dieser Welt zu begreifen?

> *Als Gott das Universum schuf,*
> *war seine geringste Sorge,*
> *es so zu schaffen, dass wir es verstehen.*
>
> Albert Einstein

Mein persönlicher Standpunkt

Glaube ist immer etwas sehr *persönliches*. Das kann gar nicht anders sein, wenn die Inhalte des Glaubens mit dem eigenen Leben verbunden sind. So geht es thematisch zum Beispiel um Geburt und Sterben, Familie und Gesellschaft, Krankheiten und Schicksalsschläge, Erfolg und Versagen, dem Wunsch nach Versöhnung und Vergebung sowie dem Sinn des Lebens überhaupt.

Mediziner

scheinen es leichter zu haben als Theologen.

fotolia

Jedermann erwartet von einem guten Arzt, dass er seine Patienten nach allen Regeln der Kunst behandelt.

Niemand fordert ein, dass die Behandlung nur so durchgeführt wird, dass sie auch ein Laie verstehen könne. Der Mediziner soll seine ganze komplizierte Theorie zur Anwendung bringen, denn schließlich geht es um unsere Gesundheit.

Nur wenn es um unser Seelenheil geht, ist Schluss mit der Geduld. Da erwarten wir plötzlich, dass wir in der christlichen Gemeinde auf dem Niveau von Kleinkindern argumentieren. Gibt es dafür einen sachlichen Grund?

Eine komplizierte Theologie setzt sich immer dem Verdacht aus, nicht lebensnah zu sein. Dabei ist das Leben selbst äußerst kompliziert, wie das Beispiel aus der Medizin zeigt. Trauen wir doch der Theologie genauso viel zu.

Subjektivität

ist die Eigenschaft, die eine Person von einem Gegenstand unterscheidet. Es geht dabei um Erfahrung und Befindlichkeit einer Person, ihr Denken, Fühlen, Wünschen und Wollen. Vor allem aber bezeichnet Subjektivität die Fähigkeit, sich selbst zur Welt in Beziehung setzen zu können.

Sören Kierkegaard

(1813–1855) formulierte zugespitzt: *Die Subjektivität ist die Wahrheit.* [2]

Er meinte damit, dass die Werte und Überzeugungen für das eigene Leben nicht aus einer pseudo– objektiven Wissenschaftlichkeit stammen können.

Zur Innerlichkeit gehört es aber auch, sich in der Unwahrheit zu wissen, als Sünder zu erleben, deshalb konnte Kierkegaard auch sagen: *Die Subjektivität ist die Unwahrheit.* Immer ist die Innerlichkeit aber der entscheidende Ort.

Zwar erhebt die *Theologie* den Anspruch, wissenschaftlich zu arbeiten, aber dies kann niemals unabhängig von dem subjektiven Standpunkt des *Theologen* geschehen. Die eigene Geschichte, die Lebensbiographie, spielt immer eine Rolle. Das sieht man inzwischen auch in der sogenannten wissenschaftlichen Theologie nicht als einen Nachteil, sondern als einen Vorteil an.

Ich selbst bin im christlichen Glauben verwurzelt, er ist zu meinem Lebenselixier geworden. Auch im Theologiestudium war der Glaube an Gott für mich nie etwas, zu dem irgendein *garstiger Graben* bestanden hätte, über den ich hätte springen müssen. Es hat mich nie angefochten, dass der Aufklärungsphilosoph G. E. Lessing [1] so viel Schweiß vergossen hatte, einen, wie er es nannte, garstigen breiten Graben zwischen Glauben und historischer Beweisbarkeit aufzureißen. Der Philosoph Sören Kierkegaard erkannte, dass die Historiker immer nur ein Wahrscheinlichkeitsurteil fällen können - und darauf kann niemand seine Seligkeit gründen. Denn eine Wahrscheinlichkeit ist keine Wahrheit.

Ich glaube, es war einer der größten Fehler der Kirche, über viele Jahrhunderte als Machtfaktor agiert und Menschen mit Dogmen (Glaubenssätzen) konfrontiert zu haben. Dabei haben Menschen den Eindruck gewonnen, dass die Kirche von ihnen fordere, bestimmte Dinge glauben zu *müssen,* anstatt die Dinge glauben zu *dürfen,* um die existentiellen Fragen zu beantworten.

In diesem Sinne geht es mir in *deus to go* überhaupt nicht darum, den Glauben zu verteidigen und einen intellektuellen Streit anzufangen. Es geht mir allein darum, den Glauben neu zu entdecken und *zu beschreiben.*

1 Gotthold Ephraim Lessing, Über den Beweis des Geistes und der Kraft, 1777.
2 Sören Kierkegaard, Der Begriff Angst, 1844, 3.Auflage Gütersloh 1991.

Kapitel 1

Paradigmenwechsel

Keiner weiß, wovon er spricht

fotolia

Normalerweise geht man davon aus, dass ein Autor, der ein Buch schreibt, weiß, wovon er spricht. Bei der Quantenphysik ist das leider unmöglich. Da weiß so gut wie keiner, wovon er spricht. Weil sie niemand so richtig versteht. Selbst der amerikanische Nobelpreisträger und Quantenphysiker Richard Feynman gab zu bedenken:

Es gab eine Zeit, als Zeitungen sagten, nur zwölf Menschen verständen die Relativitätstheorie. Ich glaube nicht, dass es jemals eine solche Zeit gab. Auf der anderen Seite denke ich, es ist sicher zu sagen, niemand versteht die Quantenmechanik. [1]

Vielleicht fragen Sie sich nun: Wenn niemand die Quantenphysik versteht, warum sollten Sie sich, insofern Sie kein Physiker sind, mit diesem Thema überhaupt befassen? Und die nächste Frage: Was haben die Religionen damit zu tun, die Jahrtausende ganz gut ohne Quantenphysik ausgekommen sind?

> Die Quantenphysik bewirkte einen *Paradigmenwechsel*, das meint einen Wandel aller grundsätzlichen Rahmenbedingungen einer Wissenschaft.

Die Antwort fällt eindeutig zugunsten der Quantenphysik aus. Denn es geht nicht nur um physikalische Fachfragen, sondern um ein grundlegend neues Weltbild. Das ist vergleichbar mit dem Wandel vom geozentrischen zum heliozentrischen Weltbild. Ein *Weltbild* ist

1 Richard Feynman, Vom Wesen physikalischer Gesetze, München 1990, Original: The Character of Physical Law, 1967.

Zeichnen Sie ...

eine Ameise im Maßstab Eins zu Eins.

Diese Aufgabe ist schon mit dem kleinsten Bleistift fast nicht zu lösen. Aber nun die Schwierigkeit: Sie haben als Zeicheninstrument nur einen Besenstiel und als Malfläche nur Sand. Mit diesen Werkzeugen ist die Aufgabe *nicht lösbar*.

In dem gleichen Dilemma befinden wir uns hinsichtlich der Quantenphysik. Unser Objekt ist viel zu klein für unsere Werkzeuge. So bleibt uns Nur ein Hilfsmittel: Wir vergrößern!

Wir greifen hier und dort einen Aspekt der Quantenphysik heraus, vergrößern ihn und geben ihn dann wieder in das Ganze zurück, wie in einem Puzzle, in der Hoffnung, dass wir eines Tages das ganze Bild sehen.

immer die Grundlage allen Nachdenkens, es betrifft auch die Theologie. Um so fataler ist es, wenn ausge-rechnet das religiöse Nachdenken einem Weltbild ver-haftet bleibt, das längst überholt ist - aber keiner be-merkt es.

Der neue Wandel veränderte das physikalische Welt-bild dramatisch. Zu den wichtigen Veränderungen ge-hören ganz besonders: Der Welle-Teilchen-Dualismus, die Nichtdeterminiertheit von physikalischen Vorgän-gen und deren unvermeidliche Beeinflussung durch die Beobachtung. Sagt Ihnen das noch nichts? Dann lässt sich als Fazit auch knapper zusammenfassen: *Ihr Welt-bild existiert nicht mehr.* Es wird Zeit für etwas Neues.

Offen für Neues

Mittlerweile sind schon über 100 Jahre seit Einsteins Veröffentlichung der Relativitätstheorie vergangen, aber es sind nur wenige, die diese Theorie tatsächlich verstanden haben. Für den aktuellen schulischen Lehr-plan ist Einstein immer noch zu kompliziert. Ähnlich ist es mit der Quantenphysik, für die in der Schule in aller Regel die notwendigen mathematischen Methoden nicht zur Verfügung stehen.

Obwohl die Ergebnisse der Quantenphysik inzwischen experimentell nachgewiesen wurden, hat die Quanten-physik heute immer noch einen schweren Stand, denn sie widerspricht unserem logischen Denken. Das alte Weltbild steckt immer noch in unseren Köpfen. Und die meisten Menschen haben panische Angst davor, einen

1 Albert Einstein, Brief an Max Born, datiert auf den 4. Dezember 1926. In: Briefwechsel 1916-1955, München 1969, 3. Aufl. 2005

Gedanken überhaupt nur zu denken, der nicht in ihr Weltbild passt. Das hat mit Vernunft nur noch wenig zu tun, sondern betrifft die Emotionen. Bernie Siegel wusste: [1]

> *Wenn man jemanden von seiner Überzeugung abzubringen versucht, verhält dieser sich wie ein Süchtiger.*
>
> Bernie Siegel

Solche Reaktionen erlebte auch Max Planck, der zu der Ansicht gelangte, neue Paradigmen setzen sich in der Wissenschaft nicht etwa durch, weil die alten Gläubigen fähig wären über Neues nachzudenken, sondern nur wenn die Alten aussterben. Dann erst haben die neuen Paradigmen eine Chance. [2]

Planck spielt dabei auf die allseits zu beobachtende menschliche Trägheit an, die sich lieber weiter auf gewohnten Bahnen des Denkens bewegt als neue Wege auszuprobieren.

Die Angst vor neuen Wegen scheint die Theologie bis heute ergriffen zu haben. Schon die allgemeine Relativitätstheorie hatte das Verhältnis von Physik und Religion verändert. Aber noch stärker wurde dieses durch die Quantenphysik erschüttert. Bis heute stellt die Herstellung einer Symbiose von Glaube und Quantenphysik die größte Herausforderung für das theologische Denken dar.

Karl Barth

(1886-1968) gilt als der Kirchenvater des 20. Jahrhunderts. Es war sein großes

Verdienst, einer Theologie des Wortes Gottes zum Durchbruch verholfen zu haben. Als Meister der *Dialektik* war er jedoch auch wegweisend für eine Theologie, die sich weitgehend von Naturwissenschaften emanzipierte.

Es war Karl Barth selbst, der postulierte, Naturwissenschaft und Glaube hätten *nichts, aber auch gar nichts miteinander zu tun.* [3] Barths Theologie brachte für seine Schüler zwei Vorteile: Erstens war man frei von dem unausgesprochenen Zwang, die Existenz Gottes zumindest irgendwie *plausibel* machen zu müssen. Zweitens war ihre Theologie war unangreifbar gegenüber jeder Form von naturwissenschaftlicher *Kritik.*

Eine Abhängigkeit von zeitgenössischen *Geisteswissenschaften* war dagegen kein Problem für die Dialektiker.

1 Bernie Siegel, Liebe, Medizin und Wunder, 2000
2 Max Planck, Wissenschaftliche Selbstbiographie, J.A. Barth Verlag, Leipzig, 1948, S.22
3 Karl Barth, Vorwort zur Kirchlichen Dogmatik III,1, 1948

Karl Heim

war ein Tübinger Theologe (1874-1958), ein älterer Zeitgenosse Karl Barths, der aber für eine ganz andere Theologie stand.

Heim plädierte dafür, Theologie und Naturwissenschaften wieder zu vereinigen. Seine Theologie ist ein Beispiel dafür, wie eine Verbindung von Glaube und Wissenschaft hergestellt werden kann, ohne dass die Theologie ihre Inhalte an die sich stets verändernden Fronten des Wissens ausliefert.

Natürlich war Karl Heim naturwissenschaftlich gesehen Kind seiner Zeit. Zeitlos ist jedoch Heims Versuch, die Einheit von Glaube und Denken wiederherzustellen.

Themen wie Gott und Natur fallen nicht wieder in sog. wissenschaftlichen Disziplinen auseinander. Es gibt nur eine Einheit des Denkens.

Quantenphysik und Glaube

So prophezeite bereits Wolfgang Pauli, der Pionier des neuen Weltbildes:

Der Laie meint gewöhnlich, wenn er ‚Wirklichkeit' sagt, er spreche von etwas Selbstverständlich-Bekanntem; während es mir gerade die wichtigste und überaus schwierige Aufgabe unserer Zeit zu sein scheint, daran zu arbeiten, eine neue Idee der Wirklichkeit auszubauen. Dies ist es auch, was ich meine, wenn ich immer betone, dass Wissenschaft und Religion etwas miteinander zu tun haben ‚müssen'. [1]

Die Quantenphysik kann auf den Zusammenhang allen Seins übertragen werden: Kein Teilchen ist mehr isoliert, ein jedes hat eine Art von *Ahnung* seiner ganzen Umgebung, ja der ganzen Welt. Was an einem Ort geschieht, hat Auswirkungen auf die übrige Welt.

> Was Jesus damals getan hat,
> wirkt sich bis heute
> auf den gesamten Kosmos aus.

Wir könnten einen Gedanken weiterspinnen, der immer schon in der christlichen Mystik anzutreffen war, nämlich die Vorstellung, dass wir Menschen am ganzen Kosmos *teilhaben.* So wird auch die Bedeutung des Lebens und Wirkens von Jesus Christus für die gesamte Menschheit verstehbar und nachvollziehbar:

Nur weil dem Leben Jesu eine *Wirkung* auf die gesamte Welt zugeschrieben werden kann, können wir auch die Bedeutung von Christus universal auffassen. Es geht im Kern des Christentums um eine *Teilhabe an Christus.*

1 W. Pauli zitiert in Audretsch, Jürgen: Die andere Hälfte der Wahrheit, S. 13. München C. H. Beck-Verlag 1992.

Das Sein ist im Werden

Vielleicht war die klassische Physik mit ihrem mechanistischen Weltbild zu einseitig orientiert, um dem Gedanken Raum zu geben, dass Glaube und Wissenschaft zwei Aspekte *einer* Wirklichkeit sind. Aber durch das neue Weltbild hat die Physik eine Öffnung erfahren. Ich möchte den in *deus to go* vorliegenden Ansatz als eine Art *Physikotheologie* bezeichnen, die bewusst an das theologische Erbe Karl Heims anknüpft.

> Es scheint sich etwas zu entwickeln
> - im Himmel wie auf Erden -
> und wir sind ein Teil davon.

Die Frage ist: Wo stehen wir heute? Um es mit einer These vorweg zu nehmen: Ich glaube, dass die ganze Entwicklung des Kosmos einem einzigen, gewaltigen schöpferischen Prozess ähnelt. Die Materie zeigt auf kleinster wie auf größter Ebene eine höchst lebhafte Aktivität. Das Universum befindet sich nicht im Sein, sondern im Werden.

Unser Leben findet in irgendeiner Raumregion während irgendeines Zeitintervalls statt. Doch unter der Oberfläche des Alltäglichen liegt eine Welt, die wir kaum erkennen. Wissenschaftler schälen Schicht um Schicht von der kosmischen Zwiebel ab, lösen Rätsel um Rätsel und legen ein Universum offen, das überraschender und anders ist, als es irgendjemand erwartet hat. [1]

1 Brian Greene, Der Stoff aus dem der Kosmos ist. Raum, Zeit und die Beschaffenheit der Wirklichkeit, Siedler-Verlag München 2004, S.19.

Weitgehend hat das moderne Denken den Gedanken an Gott für diejenigen Sparten aufbewahrt, die sich zwischen den Disziplinen aufhalten:

Parapsychologie, Metaphysik, Alternativmedizin, Esoterik, Aberglaube und nicht zu vergessen natürlich die Volksreligiosität, die manchmal sehr nahe am Aberglauben praktiziert wird.

Kann irgend etwas mangelnden Wissens nicht erklärt werden, tritt Gott wieder auf den Plan.

Doch in diesem Denken liegt eine gewaltige Reduktion, die vielleicht mitverantwortlich dafür ist, dass der Glaube an Gott so abgetrennt von dem ist, was unser Denken sonst bestimmt.

Wenn der Gottesgedanke immer nur dann Raum gewinnt, wenn wir nicht mehr weiterwissen, schleicht sich unwillkürlich ein Gottesbild mit fatalen Folgen ein: Gott wird zum Lückenbüßer, der dafür herhalten musste, die entstandene Lücke zu füllen.

Gott, der Erklärbare

Die meisten Schwierigkeiten, die der denkende Mensch mit dem Glauben an Gott haben kann, beruhen meiner Ansicht nach auf einem entscheidenden Missverständnis: Wir sind es gewohnt, bloß dann an Gott zu denken, wenn wir irgendetwas *nicht erklären* können. Das kann ein unglaubliches Ereignis in der eigenen Biographie sein oder die Grenzen des Wissens, an die wir beim wissenschaftlichen Erforschen des Universums immer noch stoßen. Man trifft es wirklich häufig an, dass jemand sagt: *Noch kann die Wissenschaft den Urknall nicht erklären, deshalb kann Gott der Anfang von allem sein.*

Der Gedanke ist verlockend: Dort, wo die Wissenschaft am Ende ihrer Weisheit ist, kommt der Glaube wieder zum Zug. Aber gerade in dem Naheliegenden liegt die Irreführung: Gott ist für uns meist das *Unerklärliche.*

Die Folgen eines solchen Gottesbildes waren gravierend. Denn immer dann, wenn die Naturwissenschaft zu weiteren Einsichten kam, also ein Stück Unerklärliches verschwand, verschoben sich die Lücken, in denen Gott noch Platz finden konnte, für manche sind sie heute ganz verschwunden. Man könnte provokativ fragen: *Stirbt Gott, wenn der Urknall erklärt ist?* Ist dies das Todesurteil für den Schöpfergott? Wenn alles erklärbar ist, bleibt kein Platz mehr für Gott. In welchen Nischen soll Gott dann aber noch hausen?

Es ist auch theologisch ein großes Missverständnis, Gott im Unerklärlichen suchen zu wollen. Vom biblischen Standpunkt aus ist es ein völlig falscher Denkansatz.

Gehen wir einmal gedanklich von der theologischen These aus, dass Gott *der Schöpfer der Welt* ist. Setzen wir dann die zweite These voraus, dass Gott in der Schöpfung nicht nur einen Anstoß zu einer autonomen Entwicklung der Welt gegeben hat, sondern auch mit seiner Schöpfung *zu tun* hat, dann ist der Gedanke naheliegend: Gott ist in der Schöpfung zu finden - und nicht daneben.

> Nicht die Ausnahmen sind es,
> die auf Gott hinweisen,
> sondern die Regelmäßigkeiten.

Aus diesem Grund empfinde ich ein Gottesbild als viel weiterführender, in dem Gott gerade in jenem gesucht, wird, das in den Naturwissenschaften Gegenstand menschlicher Forschung ist. Gott ist in allem zu finden, was erklärbar ist, wie er auch in allem zu finden ist, was noch nicht erklärbar ist.

Der Apostel Paulus äußerte bereits zu seiner Zeit eine entsprechende Auffassung in seinen Worten:
Denn Gottes unsichtbares Wesen – das ist seine ewige Kraft und Gottheit – wird seit der Schöpfung der Welt, wenn man es wahrnimmt, ersehen an seinen Werken.   Römerbrief 1,20

Ich bin der festen Überzeugung: Je mehr die gigantischen Teleskope das Weltall enthüllen, je mehr die Teilchenbeschleuniger etwas von den kleinsten Dingen erkennen, umso weniger wird die *Frage nach Gott* verstummen. Sie wird lauter.

Denn wenn die Physik mit dem Begreifen der *Welt* zu tun hat, dann hat die Theologie mit dem Begreifen des *Zusammenhanges* eben dieser Welt zu tun.

Disziplinen

gibt es nur in der Schule und im universitären Lehrbetrieb, aber nicht in der Wirklichkeit.

Die Wissenschaften reklamieren ihren eigenen Bereich, sogenannte *Grenzüberschreitungen* erscheinen als höchst verdächtig. Eine Symbiose von Naturwissenschaften und Religion sprengt die Disziplinen und gilt oftmals als absolutes *No-Go*.

Selbst jede Naturwissenschaft für sich betrachtet müsste für einen Paradigmenwechsel gewisse Prinzipien aufgeben, an denen bisher wie an Dogmen festgehalten wird.

Wer jedoch an *Disziplinen* starr festhalten will, wird kategorisch ausschließen, dass Naturwissenschaften überhaupt eine Brücke zu den Themen schlagen können, die bisher als *transzendent* galten.

Nur eine Offenheit im Denken, die alle Grenzen gegenüber sogenannten *Disziplinen* überschreitet, kann einen Ausblick auf den göttlichen Schöpfer und Erhalter der Welt eröffnen.

user

ist ein Begriff aus der Computerwelt.

Ein *user* ist jemand, der einen Computer nur benutzt, um damit zu arbeiten, zu spielen, sich Bilder anzuschauen, Musik zu hören und Filmchen anzusehen. Mehr will der *user* nicht, da es für ihn Wichtigeres im Leben gibt als Computer.

In der Welt des Glaubens leben die meisten Menschen wie *user*.

Sie praktizieren die Religion so gut es geht und erleben dabei Lust und Frust - je nachdem ob das Angewendete funktioniert oder nicht.

Trotzdem geht es in der IT-Branche nicht ohne Programmierer. In der Theologie geht es nicht ohne Theologen.

Denn ohne ein Verstehen und Begründen dessen, was man glaubt, hängt der Glaube schnell in der Luft.

Glaube sucht Verstehen

Das Wesen des Glaubens speist sich nicht aus naturwissenschaftlichen Erkenntnissen. Das weiß jeder Glaubende, der einmal in einer persönlichen Lebenssituation die Hände zum Gebet gefaltet hat, ohne zu wissen, wohin er sein Gebet eigentlich richtet. Die Quelle des Glaubens liegt im Gefühl, in den Empfindungen, oder sagen wir modern im *Herzen,* womit natürlich nicht das Organ gemeint ist. Man glaubt nur mit dem Herzen gut - dieses Motto scheint meistens zutreffend zu sein.

Aber wenn es nur beim gläubigen Herzen bleibt, hat man einen wesentlichen Teil des Glaubens vergessen: den Verstand. Denn ein Glaube ohne Inhalt ist ein bloßes Gefühl, der für den glaubenden Menschen kein Dauerzustand sein kann. Früher oder später meldet sich der Verstand selbst zu Wort

Der Glaube sucht das Verstehen, lat. *fides quarens intellectum,* formulierte Anselm von Canterbury, der christliche Philosoph des Mittelalters. Fällt dieser Name, fallen manchen unter uns natürlich sofort die unglücklichen *Gottesbeweise* ein, die bis heute zum Lehrplan des Religionsunterrichts an den Schulen gehören. Wir erinnern uns richtig: Es waren die vergeblichen Versuche, mit Hilfe der Vernunft die Existenz Gottes zu beweisen. Überzeugt hatten sie uns damals in der Schule schon nicht, was sicherlich auch Ziel des Lehrplans war.

Im sogenannten *ontologischen* Gottesbeweis versuchte Anselm mit Hilfe der Vernunft die Existenz Gottes zu beweisen. Aber schon Anselm wusste, dass sein Versuch nur Gläubige überzeugen konnte, die sowieso schon an Gott glaubten.

Die Gottesbeweise können getrost zu den Akten gelegt werden. Um Beweise soll es in *deus to go* aber auch gar nicht gehen. Viel wichtiger war die Einsicht von Anselm, dass der glaubende Mensch seinerseits ein Verstehen dessen sucht, was er glaubt. Dadurch ergeben sich Brücken zwischen Glauben und Denken, die zu einem einheitlichen Bild der Welt führen, einem Welt- und Gottesbild, das nicht durch Brüche und garstige Gräben geprägt ist, sondern in sich selbst stimmig ist. Dieses Verstehen soll nicht in erster Linie dazu dienen, Außenstehende zu überzeugen, sondern ist für die innere Integrität für den Menschen, der denkt und glaubt, wichtig.

> Wissenschaft führt nicht zum Glauben, aber der Glaube führt zur Wissenschaft.

Der Glaube sucht nach Verstehen, weil der Mensch immer auch einer Stabilität des Intellekts im Leben bedarf. Es gibt keinen wirklichen Glauben, wenn dieser inhaltlich einfach in der Luft hängt. Wenn ein religiöser Mensch seinen Glauben nicht mehr gedanklich auf die Reihe kriegt, ist das mehr als schwierig. Und so wird es dann auch von Außenstehenden empfunden. Ein scherzhaftes Beispiel eines Komikers soll uns das verdeutlichen:

fotolia

Nehmen wir einmal an, ich glaube, dass das Universum von einem dreibeinigen Einhorn ins kosmische Nichts erbrochen wurde.
Wenn ich allein dran glaube, ist das einfach bekloppt. Sollten mehrere dran glauben, nennt man es vielleicht eine Religion. Aber Irrsinn ist es trotzdem.

Dieter Nuhr

Kapitel 2

Quantenphysik

Wir sind immer noch die Alten

Sicherlich glauben die meisten von uns, sie seien moderne Menschen. Doch bevor wir eine vorschnelle Behauptung machen, checken wir mal kurz unser eigenes Weltbild.

Das alte Weltbild, das *vor* Relativitätstheorie und Quantenphysik herrschte, ist jetzt schon seit drei Generationen abgelöst. Aber wenn wir ehrlich sind, müssen wir zugeben, dass wir immer noch das eine oder andere glauben, was zum alten Weltbild gehört.

Glauben Sie zum Beispiel immer noch, dass *Zeit* eine objektive Größe ist und immer gleich schnell verläuft?

Dann ist die Erkenntnis Einsteins an Ihnen vorbei gegangen,

dass die Zeit in der Nähe eines massereichen Körpers sowie bei annähernder Lichtgeschwindigkeit langsamer verstreicht als sonst.

Oder glauben Sie vielleicht immer noch, dass die Welt auf dem Zusammenhang von *Ursache und Wirkung* beruht, dass alles kausal ist und alles zeitlich linear hintereinander geschieht, eins nach dem andern? Dann haben Sie die gesamte Quantenphysik der letzten einhundert Jahre verschlafen.

Man hat auch den Eindruck, dass dieser Schlaf auch die Theologie erfasst hat. Sind doch Begriffe wie *Zeit, Ewigkeit* und *Wunder* ureigenste Themen der Religion.

Eine Feuerbrigade

ist ein Beispiel für eine lineare, kausale Kette. Je-

der gibt den Eimer Wasser weiter, bis schließlich der Letzte das Wasser ins Feuer gießen kann.

Im alten, deterministischen Weltbild sind die Ereignisse immer kausal und linear hintereinander.

Pierre-Simon Laplace behauptete zu Beginn des 19. Jahrhunderts, das Universum sei vollständig determiniert. Wenn es ein Wesen gäbe, das alle Bewegungen der Atome kennen würde, könnte es jede Zukunft voraussagen, so lautete seine Überzeugung.

Dieses Weltbild fand durch die Quantenphysik sein Ende, denn Ereignisse sind nicht kausal oder linear und sie sind auch nicht im Voraus bestimmbar.

Bewusstsein

stellt für das materialistische Weltbild nach wie vor ein ernstes Problem dar.

Ein Dogma des Materialismus lautet, dass Materie kein Bewusstsein habe und das Bewusstsein aus unbewusster Materie bestehe.

Das Problem des Materialismus ist: Wenn Materie kein Bewusstsein besitzt, dürften Menschen nun auch kein Bewusstsein haben, denn sie bestehen aus Materie.

So ist folgerichtig im Materialismus das Bewusstsein auch als *Illusion* bezeichnet worden, was die Sache nicht erklärt, denn auch Illusion ist eine Form von Bewusstsein.

Die Frage ist: Ist das Bewusstsein letztlich nur ein rein biologischer Prozess, auf komplexe physikalische Vorgänge reduzierbar?

Jedenfalls scheint deutlich zu sein, dass Bewusstsein eine elementare Eigenschaft von Information ist.

Kann der Information über die Materie eine wichtigere Rolle zugewiesen werden als der Materie selbst?

Ist Materie nur eine abgeleitete Größe der Meta-Informationen?

Sie werden aber allenfalls im Kontext der Philosophie oder der Psychologie erörtert, aber immer noch auf der Grundlage des alten physikalischen Weltbildes. Die Veränderungen wurden nicht zur Kenntnis genommen, obwohl diese bereits kirchenhistorisch relevantes Alter erreicht haben: Sie sind nun schon 100 Jahre alt und verbinden sich mit dem Namen Max Planck.

Max Planck

Max Planck stellte zu Beginn des 20. Jahrhunderts das Weltbild des Materialismus auf den Kopf:

Alle Materie entsteht und besteht nur durch eine Kraft, welche die Atomteilchen in Schwingung bringt und sie zum winzigsten Sonnensystem des Alls zusammenhält. Da es im ganzen Weltall aber weder eine intelligente Kraft noch eine ewige Kraft gibt - es ist der Menschheit nicht gelungen, das heißersehnte Perpetuum mobile zu erfinden - so müssen wir hinter dieser Kraft einen bewussten intelligenten Geist annehmen.

Dieser Geist ist der Urgrund aller Materie. Da es aber Geist an sich ebenfalls nicht geben kann, sondern jeder Geist einem Wesen zugehört, müssen wir zwingend Geistwesen annehmen. Da aber auch Geistwesen nicht aus sich selber sein können, sondern geschaffen werden müssen, so scheue ich mich nicht, diesen geheimnisvollen Schöpfer ebenso zu benennen, wie ihn alle Kulturvölker der Erde früherer Jahrtausende genannt haben: Gott!
Damit kommt der Physiker, der sich mit der Materie zu befassen hat, vom Reiche des Stoffes in das Reich des Geistes. [1]

Für Planck war nicht die sichtbare Materie das Wirkliche, sondern der unsichtbare, unsterbliche Geist.

1 Max Planck, Archiv zur Geschichte der Max-Planck-Gesellschaft, Abt. Va, Rep. 11 Planck, Nr. 1797.

Doch der Reihe nach ! Warum stellte Max Planck das alte Weltbild auf den Kopf?

Beobachten wir einen Ballflug, beispielsweise bei einem Fußballspiel. Sehen wir uns die Szene hinterher in Zeitlupe an, dann können wir feststellen, dass der Ball eindeutig in Richtung Tor fliegt, und zwar in einer ununterbrochenen Bewegung, wie es scheint. Der Ball war jeden Augenblick in der Zeit vorhanden

und hat jeden Bruchteil im Raum durchquert. So sah die klassische Mechanik aus. Und wehe, wenn jemand daran rüttelte !

Quantelung

Doch Max Planck widersprach der klassischen Mechanik. Man wusste schon vor Planck, dass Licht *Teilchencharakter* hat. Ebenso war bekannt, dass Licht auch *Wellencharakter* hat. Planck kam durch seine Berechnungen darauf, dass Licht wohl Wellencharakter hat, das Ganze aber ge- quantelt ist.

Unter Quantelung

versteht man eine Zerteilung einer Gesamtheit in Teile, wobei die Unterschiede zwischen diesen Teilen nicht beliebig klein werden können wie bei einer kontinuierlichen Variablen.

Wir haben keine kleinere Einheit als ein Quantum. Das gilt für physikalische Größen wie Materie, Licht, Energie, Ladung, Impuls, Drehimpuls, und elektrischer Widerstand.

Beobachter

Die Tatsache, dass die Aufzeichnung des Detektorsignals das Verhalten der Elektronen verändert, scheint mit der Anwesenheit eines bewussten Beobachters zusammenzuhängen.

Wenn der bewusste Beobachter hinschaut (bzw. misst) verhalten sich die Elektronen anders als wenn er wegschaut.

Was bedeutet diese Tatsache für die Existenz der Teilchen, wenn sie nicht beobachtet werden?

Das Elektron existiert in diesem Fall nur als eine Wahrscheinlichkeitswolke. Der genaue Ort, an dem sich das Elektron befindet, ist somit unbestimmt und wird erst in dem Moment bestimmt, wenn man eine Messung durchführt. Dann kollabiert die Wahrscheinlichkeitsverteilung an einem bestimmten Punkt - und dort wird das Elektron dann bestimmbar.

Wenn man sich nun den Fall vorstellt, dass die Detektoren am Doppelspalt keine Daten aufzeichnen, so bedeutet dies, dass die Wahrscheinlichkeitswolke nicht kollabiert. [1]

Das Doppelspaltexperiment

Thomas Young hatte mit dem Doppelspaltexperiment 1801 demonstriert, dass Licht sich durch Interferenz auslöschen kann, was für Teilchenstrahlen undenkbar ist.

Durch zwei Spalte einer Trennwand dringt Licht. Auf der anderen Seite der Wand wird ein Wellenmuster sichtbar.

Licht- oder Teilchenquelle

Wellenberge und -täler = Interferenzmuster

fotolia

Das gleiche Ergebnis haben wir bei einer Teilchenquelle, die Elektronen aussendet (1961 erstmalig durchgeführt). So wie sich Wellen verstärken, wenn die Phasen zusammenfallen, oder auslöschen, wenn die Phasen verschoben sind, erhalten wir ein Interferenzmuster.

Tatsächlich erscheint dieses Muster auch, wenn Photonen oder Elektronen einzeln ausgesendet werden, auch wenn sich nur ein Teilchen zwischen Quelle und Detektor befindet. Die einzelnen Teilchen nehmen nicht den Weg durch den einen oder durch den anderen Spalt, sondern durch beide zugleich. Doch als die Wissenschaftler Detektoren anbrachten, um zu messen, was genau vor sich ging, verschwand das Interferenzmuster. Es schien so zu sein, dass die Aufzeichnung des Detektorsignals das Verhalten der Elektronen veränderte.

1 Thomas Campbell : Die Struktur der Realität, mündl. Vortrag 2010.

Schrödingers Katze

1935 stellte Erwin Schrödinger sein berühmtes Gedankenexperiment vor: [1]

Man setze eine Katze in eine informationsdichte Kiste. In der Kiste befindet sich ein Glas mit einem Giftgas, das in dem Moment zerschlagen wird, wenn der Geigerzähler einen Hammer betätigt. Das geschieht in genau dem Moment, wenn ein Uranatom zerfällt.

Die Schwierigkeit ist: Ein Uranatom wird durch eine Wellenfunktion beschrieben, die entweder zusammenbricht oder nicht. Wenn das Uranatom nicht zerfällt (das ist eine Wellenfunktion), dann überlebt die Katze. Wenn das Uranatom zerfällt (das ist auch eine Wellenfunktion), dann stirbt die Katze.

Das gedankliche Paradox ist nun folgendes: Um den Zustand der Katze zu beschreiben, muss man die Wellenfunktion der toten und die Wellenfunktion der lebendigen Katze addieren. Das heißt, dass die Katze weder tot noch lebendig ist, sondern sich in einem Zwischenstadium, repräsentiert durch die Summe der Welle, befindet.

Dieses Gedankenexperiment macht deutlich: Auf der einen Seite herrscht der sogenannte gesunde Menschenverstand, der eine solche Deutung ablehnt. So spöttelte Einstein: *Gibt es den Mond nur, weil eine Maus ihn anguckt?* Auf der anderen Seite herrscht die Quantenphysik, die auf Einsteins Frage in gewisser Weise antworten würde: *Ja, so ist es.* [2]

Gott ist die Lösung

- das gilt in gewisser Weise für die Auflösung von Schrödingers Gedankenexperiment.

Im Jahr 1967 behauptete der Nobelpreisträger Eugene Wigner, nur eine bewusste Person könne die Beobachtung machen, die zum Kollaps der Wellenfunktion führt.

Aber wer sagt, dass diese Person existiert? Es müsste eine neue Wellenfunktion geben, die sowohl die Katze als auch den Beobachter einschließt. Und wenn möglich, einen zweiten Beobachter, einen dritten, und so weiter. Man bräuchte eine unendliche Zahl an Beobachtern, das heißt: eine Art kosmischen Bewusstseins oder Gott. [3]

Wigner kam zu dem Schluss, dass es nicht möglich ist, die Gesetze der Quantentheorie in einer völlig konsistenten Weise zu beschreiben, ohne sich auf Bewusstsein zu beziehen.

1 Vgl. Michio Kaku, Die Physik des Bewusstseins. Über die Zukunft des Geistes, Hamburg 2014, S. 482.
2 Ebenda, S. 484.
3 Ebenda, S. 487.

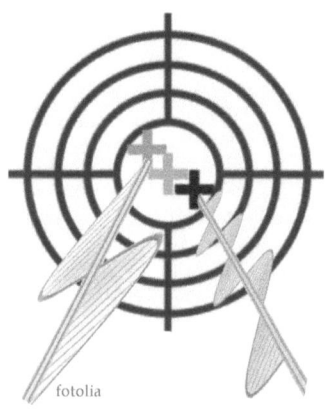

fotolia

Die Unschärferelation

Max Plancks Entdeckung sollte Konsequenzen für das mechanistische Weltbild haben, auf die 1926 Werner Heisenberg aufmerksam wurde. Er stellte fest: Bei der Messung von Position und Geschwindigkeit eines Teilchens verändert sich das Teilchen selbst. Bei der Bestrahlung des Teilchens mit Licht (mindestens die kleinste Lichtmenge, nämlich ein Quantum), wirkt das Quantum auf das Teilchen ein.

Wenn man mit Licht einer kurzen Wellenlänge die Position des Teilchens bestimmen will, tritt ein Störeffekt auf, der die Geschwindigkeit des Teilchens verändert. Versucht man mit langwelligem Licht die Geschwindigkeit des Teilchens zu messen, wird die Positionsbestimmung unscharf. Das bedeutet: Höherfrequente Wellen wirken sich stärker auf die Geschwindigkeit der Teilchen aus, niederfrequente Wellen auf die Position.

Das Atommodell der Quantenphysik beschreibt Elektronen als Wellen.

Die jeweilige Unschärfe ist sehr klein, sie kann niemals die Plancksche Konstante unterschreiten, aber sie ist eine unausweichliche Eigenschaft der Welt und machte dem deterministischen Weltbild ein Ende.

> Man kann Geschwindigkeit und Position von Teilchen nicht exakt voraussagen, wenn man ihren gegenwärtigen Zustand nicht messen kann.

Dies war der Beginn der Quantenmechanik, die auf der Unschärferelation beruht. Bis heute haben Philosophie und Theologie die Konsequenzen dieser Theorie nicht wirklich erfasst. Denn sie führt ein Element der Unvorhersagbarkeit und Zufälligkeit in die Wissenschaft ein.

Die Quantenmechanik gibt nun als Ergebnis ihrer Berechnungen eine Reihe von möglichen Resultaten an, die mit einer gewissen Wahrscheinlichkeit auftreten. Aber es ist unmöglich, das spezifische Ergebnis einer einzelnen Messung zu prognostizieren.

Richard Feynman lieferte die Pfadintegralmethode, die aus der Aufsummierung von Möglichkeiten besteht.

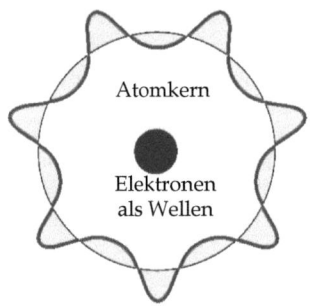

Atomkern

Elektronen als Wellen

Diese Theorie geht davon aus, dass sich Teilchen auf ihrem Weg von A nach B auf jedem möglichen Weg bewegen. Die Wahrscheinlichkeit ergibt sich durch die Addition der Wellenbewegung (Wellenberge verstärken sich ebenso wie Wellentäler; treffen Berge und Täler aufeinander, heben sie sich bei gleicher Amplitude auf).

Spukhafte Fernwirkung

Albert Einstein sprach einst spöttisch von einer *spukhaften Fernwirkung* in der Quantenphysik. Er lehnte damit eine Tatsache ab, die inzwischen mehr als einmal experimentell bestätigt wurde. Teilchen besitzen ja nach der Quantenphysik keinen eindeutigen Zustand, sondern nehmen diesen erst mit der Messung an.

> Quantenverschränkung ist die kleinstmögliche Form der Synchronizität.

Wenn zwei Teilchen nun miteinander verschränkt sind (eine Verschränkung wird erzeugt, wenn die Quantenobjekte in einer Quelle als Paar erzeugt werden), nehmen beide bei der Messung keinen unabhängigen Zustand an. Wenn zum Beispiel die Polarisation zweier verschränkter Photonen senkrecht zueinander stehen muss, ist bei einer Messung Photon A vertikal und Photon B horizontal. Ist bei einer anderen Messung Photon A horizontal, ist Photon B vertikal.

So können zwei verschränkte Photonen weit voneinander entfernt sein, aber sie bleiben untrennbar miteinander verbunden, obwohl ihr Zustand noch unmittelbar

1 H. Atmanspacher (Hrsg.), Der Pauli-Jung-Dialog und seine Bedeutung für die Moderne Wissenschaft, Berlin-Heidelberg 1995.

Der Pauli-Effekt

ist eine scherzhafte und anekdotenhafte Formulierung. Man sagte: *Es ist unmöglich, dass sich Wolfgang Pauli und ein funktionierendes Gerät im selben Raum befinden.*

Pauli selbst war von der Existenz des Effektes überzeugt. Der Experimentalphysiker Otto Stern, der mit Pauli befreundet war und der in Hamburg sein Kollege war, erteilte ihm deswegen sogar Laborverbot.

Pauli hielt den Effekt für real und war erleichtert, wenn er wieder auftrat.

Zu Hilfe kam ihm dabei die Psychologie von Carl Gustav Jung, mit der sich Pauli intensiv auseinandersetzte:
In Jungs Psychologie kann das Phänomen als Synchronizität betrachtet werden.

Kommunikation

Die Quantenverschränkung ermöglicht eine verzögerungsfreie Kommunikation, die zudem abhörsicher ist.

Jede Messung des Spins des einen Elektrons korreliert mit dem Spin des anderen Elektrons, egal wie weit sie voneinander entfernt sind. Das stellt eine Informationsübertragung dar, die im krassen Widerspruch zur Relativitätstheorie steht, nach der nichts, auch keine Information, schneller als das Licht reisen kann.

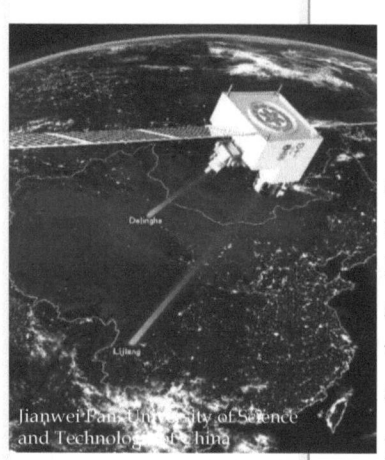

Jianwei Pan, University of Science and Technology of China

Ein 2016 von den Chinesen in den Orbit gestarteter Satellit hat mittels Laser verschränkte Photonen an zwei 1203 Kilometer auseinanderliegende Empfängerstationen in China geschickt, die tatsächlich noch verschränkt waren.

vorher nicht festgelegt war und kein Signal zwischen den beiden Teilchen ausgetauscht werden konnte.

Es mag wie Zauberei klingen, ist jedoch Realität und wird als *Nichtlokalität* und *Verschränkung* in der Quantenphysik bezeichnet. Denn das Phänomen kann nur durch eine nichtlokale Theorie erklärt werden. Weiterführende Fragen sind:

Existiert seit dem Anfang allen Seins eine Quantenverschränkung oder wurden bereits alle Teilchen entschränkt? Ist es aufgrund der Quantenverschränkung möglich, Informationen ohne Zeitverlust über beliebige Entfernungen zu transportieren, also telepathisch?

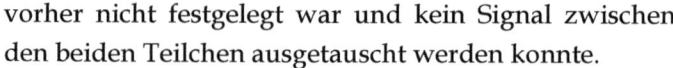

Existiert seit der Schöpfung eine Quantenverschränkung ?

Für den Vorreiter auf dem Gebiet der Quantenverschränkung, Anton Zeilinger, ist Information fundamentaler als Raum und Zeit, denn die Information liegt vor, dass die beiden Systeme gleich sein müssen, auch wenn sie vor der Beobachtung noch keine vordefinierten Eigenschaften besitzen und obwohl sie keine Verbindung haben.

Es ist bis heute nicht wirklich geklärt, wie es zur Quantenverschränkung kommt. Verschränkte Quanten müssen nicht aus derselben Quelle stammen und sie können auch bereits verschränkt sein. Zeilinger entdeckte auch die Verschränkung von drei Teilchen.n an zwei Teilchen konnte er den Zustand des dritten erfahren.[1]

1 Anton Zeilinger, Einsteins Spuk. Teleportation und weitere Mysterien der Quantenphysik, Goldmann-Verlag 2007, S.302.

Information sofort

Stellen wir uns vor, wir schicken zwei verschränkte Photonen Richtung Andromeda Galaxie, das andere in die entgegengesetzte Richtung. Die Andromeda Galaxie ist 2,5 Millionen Lichtjahre entfernt. Die Photonen wären mit ihrer Lichtgeschwindigkeit 2,5 Millionen Jahre unterwegs. Wenn sie ihr Ziel erreicht haben, haben sie eine Distanz von 5 Millionen Lichtjahren. Wollte ein Photon jetzt zu seinem Geschwisterphoton reisen, bräuchte es 5 Millionen Jahre.

Aber ändert sich die Information eines Teilchens, wird automatisch die Information bei dem Geschwisterteilchen geändert, innerhalb einer halben Sekunde. Man stelle sich vor: Die Strecke, die von einem Photon mit Lichtgeschwindigkeit in 5 Millionen Jahren zurückgelegt wird, wird von der Information in einer halben Sekunde zurückgelegt. Könnte man den Quanteneffekt ausnutzen, bräuchte die Information von der Erde zum Andromedanebel eine viertel Sekunde, das wäre augenblicklich (*instantan*).

> Schon das Johannes-Evangelium beginnt mit *Am Anfang war das Wort.* Das kann ich auch mit Information übersetzen. [1]   Anton Zeilinger

Wenn zum Beispiel Telepathie eine Tatsache ist, dann könnte es per Quantenverschränkung der Gehirne funktionieren. Nicht nur die Verbindung zwischen

1 Anton Zeilinger, Wiener Zeitung, 07.12.2012.

Synchronizität und Verschränkung

Unter Synchronizität verstand C.G. Jung zeitlich oder räumlich koinzidierende Phänomene, deren Coinzidenz keiner kausalen Erklärung gehorcht, aber einen deutlich sinnvollen Zusammenhang aufweist.

Sie können telepathisch erfolgen, von Psyche zu Psyche, aber auch in der

physischen Realität (psychokinetisch).

Für Wolfgang Pauli, der mit C.G. Jung in den 1930er Jahren im Dialog stand, stand dies in Verbindung mit der Quantenverschränkung.

Die Nichtlokalität betraf nicht nur die Technik, sondern auch das Verständnis von Natur, Leben und Geist.

Es gibt eine Wirklichkeit, die weder kausal ist noch auf reinem Zufall beruht.

Menschen wäre so möglich, sondern auch die Verbindung eines Menschen zu einem höheren Bewusstsein, wie es Gott darstellt.

Natürlich ist es ein weiter Weg von der Quantenverschränkung zweier Teilchen bis zur Synchronizität von psychischen und materiellen Prozessen. Das Problem ist nämlich: Wenn ein System mit der Umgebung in Wechselwirkung tritt, verliert es seinen Quantenzustand, weil Information in die Umgebung abgegeben wird. Das dürfte jedoch keine prinzipielle Frage, sondern nur eine technische Herausforderung sein.

Gelten die Gesetze der Quantenphysik nur für kleine Teilchen? Die Natur jedenfalls zeigt dieses Phänomen. Die Fragen des Pauli-Jung-Dialogs müssen neu gestellt werden.

> Die Quantenphysik ist eine neue Denkweise, die über unser bisheriges Wirklichkeitsverständnis hinaus reicht.

Kapitel 3

Leben in der Matrix

Die kleinsten Teilchen

Betrachten wir nun den Atomkern, der nach dem alten Atommodell von Rutherford und Chadwick von Elektronen umkreist wird und aus Protonen und Neutronen besteht. Längst beschrieb die Quantenphysik die angebliche Umlaufbahn von Elektronen um den Atomkern als Wellen und Aufsummierung aller möglichen Bahnen. Und auch die alte Vorstellung von Protonen und Neutronen als kleinsten Einheiten musste inzwischen aufgegeben werden, als noch kleinere Einheiten entdeckt wurden, so viele, dass man inzwischen vom *Teilchenzoo* spricht.

Die Teilchen haben eine Eigenschaft, die *Spin* genannt wird, der Spin teilt uns mit, wie das Teilchen aus verschiedenen Blickwinkeln aussieht. Man könnte auch *Drehung* sagen, jedoch haben die Teilchen keine Achse.

Teilchenzoo

Insgesamt sind nach heutigem Wissenstand 61 Arten von Elementarteilchen bekannt:

Es gibt sechs Arten Quarks mit je drei verschiedenen Farbladungen (die Farben sind wegen der Anschaulichkeit erfunden, sie existieren nicht wirklich, weil die Größe unterhalb der Wellenlänge des Lichts liegt), sechs Arten Leptonen, zwölf Arten Autauschteilchen und das Higgs-Boson.

Dabei gibt es zu Quarks und Leptonen zu jeder Art die entsprechenden Antiteilchen.

Materieteilchen 1 emittiert kräftetragendes Teilchen

Kräftetragendes Teilchen mit ganzzahligem Spin kollidiert mit Materieteilchen 2

Materieteilchen 2

Rückstoß　　Scheinbare Kraft zwischen Materieteilchen　　Geschwindigkeit

fotolia

Mit Spin 0 sieht das Teilchen aus allen Richtungen gleich aus. Mit Spin 1 sieht es aus allen Richtungen verschieden aus, nur nach einer Umdrehung von 360 Grad ist es wieder gleich. Mit Spin 2 sieht es nach einer halben Umdrehung wieder gleich aus. Die Teilchen mit den ganzzahligen Spin sind für die Kräfte zwischen den

Anti - Teilchen

haben die gleiche Masse und den gleichen Spin wie das zugehörige Teilchen, aber entgegengesetzte elektrische Ladung.

Antiteilchen verhalten sich in allen Bereichen genauso wie die Teilchen, deshalb ist ein Anti-Teilchen auch etwas ganz natürliches.

1995 gelang es am europäischen Forschungszentrum CERN in Genf erstmals, Antiwasserstoff zu erzeugen.

Wenn ein Elektron und sein Antiteilchen (Positron) zur Kollision gebracht werden, werden sie vernichtet und es entsteht Energie (Photonen).

Materieteilchen verantwortlich, während die Materieteilchen selbst den Spin 1/2 haben, sie brauchen zwei ganze Umdrehungen, um wieder gleich auszusehen. [1]

Vier Kräfte

Kräftetragende Teilchen werden in vier Kategorien eingeteilt. Ich möchte darauf hinweisen, dass diese Einteilung sehr künstlich ist. Bislang ist sie ein Hilfsmittel, das darauf wartet, von einer vereinheitlichten Theorie abgelöst zu werden.

> Die Physiker warten auf eine Theorie, die alle vier Kräfte als verschiedene Aspekte einer Kraft erklären kann. Sie würde man dann die *Theorie von Allem* nennen.

Die erste dieser vier Kräfte ist die *Gravitation*. Sie ist eine sehr schwache Kraft, die jedoch über weite Distanzen wirken kann. Sie ist immer eine anziehende Kraft und wird im Gravitationsfeld zwischen zwei Materieteilchen von einem Teilchen mit Spin 2 getragen, dem Graviton. Auch hier muss man betonen, dass diese Teilchen virtuell sind.

Die zweite Kraft ist die *elektromagnetische Kraft,* die eine sehr starke Kraft zwischen elektrischen Ladungen ist, positive und negative. Man stellt sich vor, dass die Anziehungskraft durch den Austausch von virtuellen Teilchen mit Spin 1 verursacht wird.

1 Stephen Hawking wählt anstelle der Kreisel das anschauliche Bild von Punkt und Pfeil. Die illustrierte kurze Geschichte der Zeit, Hamburg 1988, S. 91.

Die dritte Kraft ist die *schwache Kernkraft,* die für Radioaktivität verantwortlich ist. Hier wurden drei weitere Teilchen zu dem Photon mit Spin 1 vorgeschlagen

Die vierte Kraft ist die *starke Kernkraft,* die von dem Gluon, einem Teilchen mit Spin 1 getragen wird. Sie ist in der Tat stark, denn sie bindet die Quarks fest zusammen, sie sorgt dafür, dass die Atomkerne zusammenhalten.

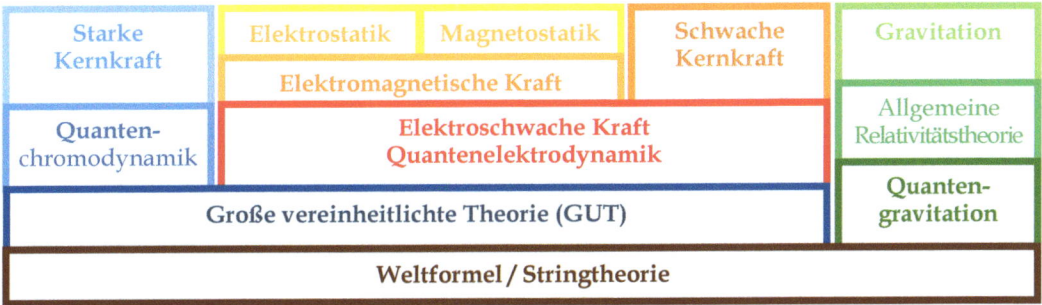

Grand Unified Theory

Die *Große Vereinheitlichte Theorie* führt drei Kräfte zusammen, kann aber die Gravitation nicht einbeziehen. Stephen Hawking prophezeite:

Wenn wir jedoch eine vollständige Theorie entdecken, dürfte sie nach einer gewissen Zeit in ihren Grundzügen für jedermann verständlich sein, nicht nur für eine Handvoll Spezialisten. Dann werden wir uns alle mit der Frage auseinandersetzen können, warum es uns und das Universum gibt. Wenn wir die Antwort auf diese Frage fänden, ... dann würden wir Gottes Plan kennen. [1]

1 Stephen Hawking, Die illustrierte kurze Geschichte der Zeit, Hamburg 1988, S. 233.

String - Theory

Die String-Theorie versucht, die vier Grundkräfte auf eine einheitliche Art zu beschreiben. Sie tritt an die Stelle der Beschreibung von Elementarteilchen in den gewohnten Modellen.

Objekt dieser Theorie ist nicht das Teilchen, sondern der *String,* der eine bestimmte Länge besitzt. Die charakteristische Längenskala der Strings müsste in der in der Größenordnung der Plancklänge liegen, unter der Effekte der Quantengravitation wichtig werden. Die Strings können Enden haben oder sich zu Schleifen zusammenschließen.

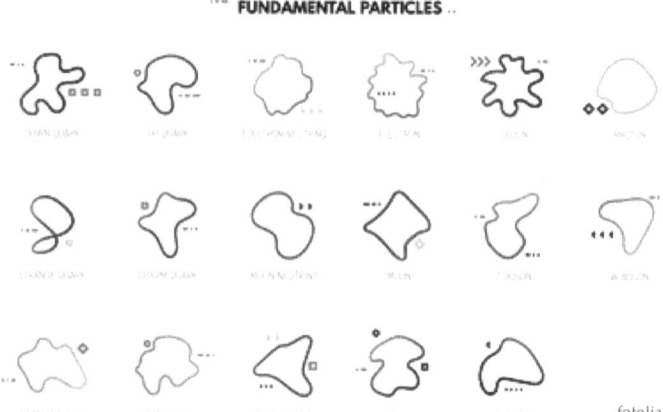

fotolia

Allgemein wird eine mögliche Entdeckung der *Supersymmetrie* (das bedeutet keine Aufteilung in bosonische und fermionische Freiheitsgrade in den gerade laufenden Experimenten mit dem Large Hadron Collider (LHC)) als Unterstützung der Stringtheorie angesehen. Als eine weitere Vorhersage der Stringtheorie gelten *Extradimensionen.*

Extradimensionen

Bereits 1919 wurde von Theodor Kaluza in einem Brief an Albert Einstein und 1926 auch von Oskar Klein eine fünfte Dimension vorgeschlagen.

Diesen Theorien war gemeinsam, dass die Extradimensionen aufgerollt sind, ihr Radius liegt etwa bei der Plancklänge. Dies bedeutet, dass die zusätzlichen Dimensionen derart klein sind, dass sie weder im Alltag, noch in bisherigen Experimenten wahrzunehmen sind.

Erst gegen Ende der 1990er Jahre wurde das Randall-Sundrum-Modell entwickelt, das eine unendlich große bzw. makroskopisch große Extradimension ermöglichte. Es stellt das erste Branenmodell dar.

In Weiterentwicklungen der Stringtheorie werden als Basisobjekte nicht nur eindimensionale Strings angesehen, sondern auch höherdimensionale Objekte, Brane genannt, verwendet.

Bislang wurden aber noch keine experimentellen Beweise einer weiteren Dimension gefunden. Falls Extradimensionen überaus klein sind, das heißt, wenn sie kleiner sind als alles, was unsere heutigen Geräte auflösen können, sind sie auf immer unserem Zugriff entzogen. Falls sie außerordentlich groß sind, was schon der Fall wäre, wenn sie ungefähr ein Millionstel der Größe eines Atomkerns betragen, könnte die Messung ihrer Gravitationsstärke ihre Existenz enthüllen.

Welche Indizienbeweise gibt es für andere Dimensionen? Ein wichtiger Hinweis könnte sich aus fehlender Energie ergeben. Sollten wir das Fehlen von Energie feststellen, dürften wir auf Extradimensionen schließen. Die Argumentation beruht im Wesentlichen auf dem wichtigen physikalischen Prinzip der Energieerhaltung. Bisher hat noch kein Experiment diesem Gesetz widersprochen. Energie kann sich in vielen Formen manifestieren, aber sie kann nicht einfach verschwinden.

Nehmen wir einmal an, präzisere Messungen würden als Ergebnis liefern, dass Energie fehlt. Das wäre ein Indiz dafür, dass Energie in dem winzigen zusätzlichen Raum, den Zusatzdimensionen, verschwindet. Sollten jemals solche Zusatzdimensionen nachgewiesen werden, hätten wir einen sicheren Beweis dafür, dass der Kosmos ein weit komplexeres Gebilde darstellt, als wir bisher angenommen haben. [1]

> Falls die String-Theorie richtig ist, koexistiert unser Universum zusammen mit anderen Universen in einem 11-dimensionalen Hyperraum.

Leben im Hyperraum

Die kleinste Größe der Physik ist derzeit die Planck-Länge, eine Größenordnung von einem Millimeter geteilt durch einhunderttausend Mrd. Mrd. Mrd. :
0,00000000000000000000000000000001616 Meter.
Es ist nicht möglich, Teilchenbeschleuniger zu bauen, die so kleine Abstände erfassen können. Bis jüngster Zeit dachte man, die zusätzlichen Dimensionen wären in dieser Größe aufgerollt. Nur wenn diese Zusatzdimensionen vergleichsweise groß oder unendlich groß wären, könnte man sie nachweisen. Wären zusätzliche Dimensionen vorhanden, würde das bedeuten, dass wir

1 Brian Greene, Der Stoff aus dem der Kosmos ist. Raum, Zeit und die Beschaffenheit der Wirklichkeit, München 2004, S.474.

auf unserer vierdimensionalen Oberfläche (oder Bran) innerhalb einer höherdimensionalen Raumzeit leben.

In unserer vierdimensionalen Welt würden sich Materie und alle Kräfte, außer der Gravitation, verhalten, als befände es sich in einer vierdimensionalen Welt. Nur die Gravitation würde als Auswirkung der Raumzeitkrümmung die gesamte höherdimensionale Raumzeit durchdringen. Die Gravitation würde sich somit von allen anderen Kräften, die wir kennen, unterscheiden. Da sie sich auch in den Zusatzdimensionen ausbreitet, würde sie mit der Entfernung schneller abnehmen als erwartet. [1]

Grenzen des Erkennens

Vielleicht wird uns eines Tages schmerzlich bewusst, dass wir keinerlei Möglichkeiten kennen, wie man kurze Distanzen untersuchen könnte. Wir wissen aus der Quantenphysik, dass es unendlich viel Energie braucht, um kleine Längenskalen zu erforschen. Aber wenn man zu viel Energie in eine Region auf der Planck-Längenskala gibt, bekommt man ein Schwarzes Loch. Dann kann man unmöglich herausfinden, was da drinnen passiert, denn alle Informationen sind innerhalb des Ereignishorizontes des Schwarzen Loches gefangen. Selbst in physikalischen Gedankenexperimenten kann man niemals eine Region beobachten, die deutlich kleiner als die Planck-Längenskala ist. Die Regeln der Physik, wie wir sie kennen, brechen zusammen, ehe man dorthin vordringt. [2]

1 Stephen Hawking, Das Universum in der Nußschale, Hamburg 2001, S.188.
2 Lisa Randall, Verborgene Universen: Eine Reise in den extradimensionalen Raum (German Edition). Kapitel 24/IV. FISCHER E-Books.

Schwarze Löcher

Spekulationen um die sogenannten *Schwarzen Löcher* im Weltall heizen die Phantasie weiter an.

Als sich Einstein mit den Singularitäten beschäftigte, erlebten er eine Überraschung: Das Diagramm, das die Abschnürung dieser Objekte aus der Raumzeit beschreibt, erwies sich als symmetrisch.

Die Singularität in unserem All könnte somit einen Eingang darstellen, dem ein Ausgang in einem Paralleluniversum gegenüber liegt.

Dieser Ausgang kann auch als *Weißes Loch* in unserem All liegen. Der Verbindungsweg zwischen beiden ist das *Wurmloch*, das nun als besondere Form eines Schwarzen Loches erschien.

Sollten Schwarze Löcher Türen zu Paralleluniversen sein, bleibt uns auch hier der Zugang für immer verborgen. Aufgrund der Entfernung laufen wir nicht einmal Gefahr, irgendwann einmal hineinzufallen. Und wenn, dann sorgt die Gravitationskraft dafür, dass wir wie ein Spaghetti auseinandergezogen werden.

Es scheint so, dass der Schöpfergott dafür gesorgt hat, dass im Kleinsten wie im Größten die Türen für uns geschlossen sind.

Parallelwelten

Wer sich mit Parallelwelten beschäftigt, kann in Physikerkreisen noch immer Naserümpfen auslösen. Sehr leicht verwischen die Grenzen zwischen Physik und Pseudowissenschaft.

Die Theologie hat es an dieser Stelle einfacher. Die Religionen beruhen auf einem Weltbild, das keine Denkschwierigkeiten mit unsichtbaren Parallelwelten hat, die sogar in unsere sichtbare Welt hineinreichen können.

Ich möchte in *deus to go* auf keinen Fall den Eindruck erwecken, die Existenz von Parallelwelten beweisen zu wollen. Es geht mir nur um die Vorstellbarkeit der theologischen Inhalte auf der Grundlage unseres zeitgemäßen, auf der Quantenphysik beruhenden, Weltbildes.

> Wir glauben an den einen Gott,
> der alles geschaffen hat,
> Himmel und Erde,
> die sichtbare und die unsichtbare Welt
>
> Glaubensbekenntnis Nizänum

Die biblische Tradition fußt in diesem Bereich auf den Vorstellungen der sogenannten *frühjüdischen Apokalyptik*, die als Grundlage für christliches Gedankengut gelten kann.

Der Himmel, oder besser: *die* Himmel, denn die Bibel spricht vom Himmel im Plural, spielen eine zentrale Rolle, sie sind die göttliche Parallelwelt schlechthin. Hier ist Gottes Thron zu finden, hier sind die verschiedenen Engel wirksam. Geister, Wesen und Älteste, sogar der Satan, sie alle treiben sich dort herum.

Die göttliche Matrix

Ich gehe davon aus, dass der Mensch selbst alle *Schöpfungsebenen* in sich trägt, ja dass er selbst ein Teil jener Dimensionen ist, die wir nicht wahrnehmen können. Unser Geist hat Anteil am universalen Geist, wir machen als Menschen selbst einen Teil dieser Geistwelt aus.

Nur aufgrund dieser Anteilhabe an der unsichtbaren Welt ist es vorstellbar, dass eine Verbindung zu personalen Bewusstheiten in der himmlischen Welt, auch zum Bewusstsein Jesu Christi, überhaupt vorstellbar ist. Insofern die eigene Identität des Geistes durch die Teilhabe am Geist Christi bestimmt wird, kann auch der Verdienst Christi, seine praktizierte Vergebung und Gnade in unserem Bewusstsein zu einer Wirklichkeit werden, die schon jetzt unser Leben bestimmt.

Wenn wir unter *Matrix* die Grundstruktur und Ordnung verstehen, beinhaltet die Teilhabe am Leben und den Verdiensten Christi eine Existenz in der unsichtbaren Welt, die man als ein Leben in der göttlichen Matrix bezeichnen könnte:

Leben im Einklang mit dem Willen des Schöpfers und in der Versöhnung, die ein Leben im Frieden und in Harmonie ist.

> Wir haben Frieden mit Gott
> durch unseren Herrn Jesus Christus.
> Durch ihn haben wir auch den Zugang
> im Glauben zu dieser Gnade.
> Die Bibel, Römerbrief 5,1

Gartenparty

Stellen Sie sich vor, Sie grillen in Ihrem Garten. Ein neugieriger Nachbar schaut herüber und fragt: *Warum brennt die Kohle?*

Sie erklären daraufhin den chemischen Prozess: *Sie brennt, weil sich der Kohlenstoff mit Sauerstoff zu Kohlendioxid verbindet.* Eine korrekte Antwort.

Sie hätten aber auch den physikalischen Aufbau der Anlage beschreiben können:

Die Kohle brennt, weil sie auf einem Metallboden mit Luftzufuhr 10 cm unterhalb des Grillrostes angeordnet ist.

Vielleicht wäre es für den Nachbarn aber viel interessanter gewesen, folgende Antwort zu bekommen: *Das Feuer brennt, weil ich Geburtstag habe und Freunde erwarte. Sie sind auch eingeladen.*

Alle drei Antworten widersprechen sich nicht. Keine ist für sich genommen falsch – aber auch nicht allein gültig.

Naturwissenschaften und Geisteswissenschaften können komplementäre Antworten geben, die sich ergänzen.

Richard Dawkins

vertritt einen modernen Materialismus, der sich aggressiv gegen die Religion richtet.

Dawkins beschreibt das egoistische Gen als fundamentale Einheit der natürlichen Selektion, die den Körper nur als Überlebensmaschine benutzt. Wie sich Gene als biologische Information per Fortpflanzung verbreiten, entstanden *Meme* als kulturelle Informationseinheiten, die sich über Nachahmung verbreiteten. So sind für Dawkins religiöse Überzeugungen Viren, die von den erkrankten Menschen Besitz ergreifen.

Der Evolutionsbiologe Michael Blume kritisiert, dass keine einzige empirisch haltbare Studie zum *Mem* bekannt ist und Dawkins Theorie zur Entsorgung reif sei.

Zudem würde Dawkins eine selbsterfundene Karikatur der Religion angreifen.

Zur Theorie des Lebens

Gott sei dank gehören zum Menschsein auch andere Erfahrungsquellen als die Mathematik oder die Physik. Es wäre gar nicht wissenschaftlich, eine Gesamtschau der Wirklichkeit auf eine mathematische oder physikalische Sicht des Lebens reduzieren zu wollen. Für den religiösen Menschen gehört die Frage nach Gott wie selbstverständlich zu einer *grand unified theory* hinzu. Die letzte Erklärung der Welt kann nicht allein durch die Naturwissenschaften, sondern nur ganzheitlich, im Einschluss des Glaubens an Gott, erfolgen.

Doch bis zu diesem Schritt gibt es eine Zwischenlösung im Verhältnis von Theologie und Naturwissenschaften, die *Komplementarität* nennen möchte.

Komplementarität

In der Vergangenheit war das Verhältnis von Religion und Naturwissenschaft oft von starken Konflikten geprägt. So hatten die religiösen Vertreter oftmals Forschungsergebnisse abgelehnt, weil sie im Widerspruch zu ihrer Lehre standen, umgekehrt haben Naturwissenschaftler ihr Fachgebiet verabsolutiert, so dass für Religion kein Raum mehr blieb.

In der dialektischen Theologie *Karl Barths* wurde der Dialog mit den Naturwissenschaften durch die Ablehnungen der sogenannten *natürlichen Theologie* gehindert. Barths Theologenschule machte sich in gewisser Weise unangreifbar. Was auch immer in der Welt geschah, gedacht und gesagt wurde: Gott war immer der ganz *Andere*.

Andere Theologen wie *Rudolf Bultmann (1884 - 1976)* konzentrierten sich stattdessen auf die Erhellung der menschlichen Existenz. So sehr, dass Bultmanns Schüler *Herbert Braun (1903 - 1991)* Gott nur noch als spezifische Form der Mitmenschlichkeit ansah, als Chiffre eines zwischenmenschlichen Geschehens. Ein die Welt des Menschen transzendierendes Ansichsein Gottes konnte es nach Auffassung Brauns nicht geben, weswegen er die Bezeichnung *A-Theismus* für seine Theologie akzeptierte.

Doch all diesen theologischen Richtungen, die dem Dialog mit den Naturwissenschaften jeweils auf ihre eigene Weise ausgewichen sind, gilt der Einwand, den der überzeugteste Atheist der Gegenwart, Richard Dawkins, treffend auf den Punkt brachte:

> **Ein Gott, der auf irgendeine Weise mit dem Weltgeschehen interagiert, betritt damit zwangsläufig naturwissenschaftliches Terrain.**

Wenn wir ein Interagieren Gottes mit dem Weltgeschehen einmal einfach voraussetzen, müssen wir zumindest versuchen, das naturwissenschaftliche Terrain zu betreten. Einen solchen Versuch unternahm der katholische Theologe *Hans Küng,* der einen Ansatz entwarf, in dem sich Religion und Naturwissenschaft *komplementär* zueinander verhalten. [1]

Sowohl die Religion als auch die Naturwissenschaften machen nach Ansicht Küngs Aussagen über verschie-

Gott ist tot ...

Eine solche Aussage würde man normalerweise von überzeugten Atheisten wie vielleicht Richard Dawkins erwarten. Aus dem Munde von Theologen, wie beispielsweise *Dorothe Sölle (1929 - 2003),* löst diese Aussage allerdings Verwunderung aus.

Doch der Schein trügt. Vertreter und Vertreterinnen der sogenannten Gottist-tot-Theologie haben dann doch eine ganze Menge zu Gott zu sagen gewusst.

Nach Sölle erleidet Gott durch den Tod Jesu endgültig das Todeslos des Menschen, so dass die Menschen nur noch *atheistisch* an Gott glauben können.

In der praktischen Umsetzung einer solchen Theologie wird jedoch schnell deutlich, dass es sich um eine poetische Sprache handelt, die ein Sprachgeschehen in Gang setzten und Emotionen auslösen will:

Am Ende der Suche und der Frage nach Gott steht keine Antwort sondern eine Umarmung. [2]

1 Hans Küng, Der Anfang aller Dinge. Naturwissenschaft und Religion, München 5. Aufl. 2005, S. 57.
2 Dorothee Sölle, Mutanfälle. Texte zum Umdenken. Hamburg 1993.

dene Ebenen der Wirklichkeit, behalten ihre Eigensphä-
ren, verabsolutieren sich jedoch nicht. Sie befragen sich
gegenseitig und versuchen, der Wirklichkeit als ganzer
in allen ihren Dimensionen gerecht zu werden.

Ein solcher Ansatz der Komplementarität ist meines
Erachtens ein angemessener Versuch von theologischer
Seite, dem Stand der physikalischen Modelle entsprechen zu wollen, die ihrerseits auch komplementär arbeiten müssen.

Stets muss bei dem Modell der Komplementarität darauf geachtet werden, dass keines der sich einbringen-
den Modelle reduziert wird. Um sich nicht selbst aufzugeben, dürfen weder Theologie noch Naturwissenschaften falsche Kompromisse eingehen. Wird dies berücksichtigt, so sind alle Beteiligten auf dem gemeinsamen
Weg zur *Großen Theorie des Lebens*.

Um sich nicht selbst aufzugeben, dürfen
weder Theologie noch Naturwissenschaften
falsche Kompromisse eingehen.

Kapitel 4

Von Geist zu Geist

Neuronen

Die gesamte Informationsverarbeitung, die vom Gehirn geleistet wird, ist letztlich das Werk erstaunlich vieler Körperzellen, der *Neuronen*. Eine solche Zelle besteht aus einem Zellkern, von dem aus in alle Richtungen baumförmige Dendriten ausstrahlen. Von einer Stelle geht eine lange Nervenfaser aus (das Axon), die sich mehrmals verzweigen kann. Am Ende einer so entstehenden Nervenfaser befindet sich ein kleines synaptisches Endknöpfchen. An der Verbindungsstelle, der Synapse, ist eine sehr schmale Lücke, der synaptische Spalt.

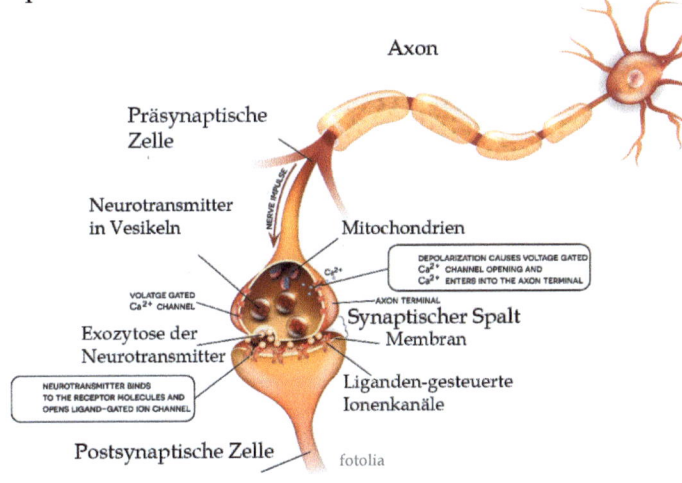

Axon

Präsynaptische Zelle

NERVE IMPULSE

Neurotransmitter in Vesikeln

Mitochondrien

VOLATGE GATED Ca²⁺ CHANNEL

Ca²⁺

DEPOLARIZATION CAUSES VOLTAGE GATED Ca²⁺ CHANNEL OPENING AND Ca²⁺ ENTERS INTO THE AXON TERMINAL

Exozytose der Neurotransmitter

AXON TERMINAL

Synaptischer Spalt

Membran

NEUROTRANSMITTER BINDS TO THE RECEPTOR MOLECULES AND OPENS LIGAND-GATED ION CHANNEL

Liganden-gesteuerte Ionenkanäle

Postsynaptische Zelle

fotolia

Damit Signale von einem Neuron zum anderen gelangen können, müssen sie die dazwischenliegende Barriere auf irgendeine Weise überspringen. Eine Nervenfaser besteht aus einem zylindrischen Rohr, das ein Lösungsgemisch aus Natriumchlorid und Kaliumchlorid enthält. Im neutralen Zustand herrscht innerhalb der Nervenfaser eine negative elektrische Gesamtladung.

Das Gehirn

Bevor wir der Frage nachgehen, welchen Gehirntätigkeiten das Bewusstsein zu Grunde liegt, möchte ich in einer kurzen Beschreibung die wichtigsten Bestandteile des Gehirns zusammenfassend darstellen:

Der große obere Teil des Gehirns ist das Großhirn. Es ist recht deutlich in eine linke und eine rechte Großhirnhemisphäre geteilt. Weniger deutlich verläuft quer dazu eine Trennung in den Stirnlappen und drei weitere Bereiche, den Scheitel-, Schläfen- und Hinterhautslappen.

Weiter unten und hinten sitzt das Kleinhirn. Tief drinnen und unter dem Großhirn verborgen liegen der Hirnstamm, der Thalamus, der Hypothalamus, der Hippocampus, der Balken und viele weitere Gebilde mit exotischen Namen.

Großhirn und Kleinhirn tragen eine dünne Oberflächenschicht aus grauer Substanz, die man als Großhirnrinde und Kleinhirnrinde bezeichnet. Sie umschließen die größeren Innenbereiche aus weißer Substanz, die aus langen Nervenfasern besteht. Verschiedene Partien sind mit sehr spezifischen Funktionen betraut.

Das elektromagnetische Spektrum

Stellen wir uns eine Skala vor, so befinden sich am Anfang des Spektrums die längsten Wellen mit niederer Frequenz, deren Länge viele Kilometer betragen. Ihre Frequenzen liegen unter 30 Kilohertz.

Auf dieser Seite der Skala befinden sich auch die Gehirnströme.

Am anderen Ende der Skala des elektromagnetischen Spektrums liegen die sehr kurzwelligen und energiereichen Gammastrahlen, deren Wellenlänge bis in atomare Größenordnungen reicht.

Die Frequenz des sichtbaren Lichts liegt zwischen 384 Terahertz (rot) und 789 Terahertz (violett).

Dazu strömen durch kleine Kanäle Natriumionen ein, Kaliumionen schließlich wieder aus, so dass am Ende der Überschuss an negativer Ladung im Inneren wiederhergestellt ist. Erreicht ein solches Signal ein synaptisches Endknöpfchen, so emittiert dieses den Neurotransmitter. Einige Neuronen geben Neurotransmitter mit erregender Wirkung ab, andere mit hemmender Wirkung. Diese Wirkungen addieren sich zu einem Gesamteffekt. Die Nervenübertragung hat eine wichtige Eigenschaft, die der Funktionsweise eines digitalen Computers gleicht: Die Stärke des Signals variiert nicht; es ist entweder ganz da oder überhaupt nicht vorhanden.

Gedanken sind Energie

Alles, was das Gehirn wahrnimmt, verarbeitet es durch elektrische Signale. Auch bei den Gehirnströmen handelt es sich um eine Form von Energie. Sie sind sehr

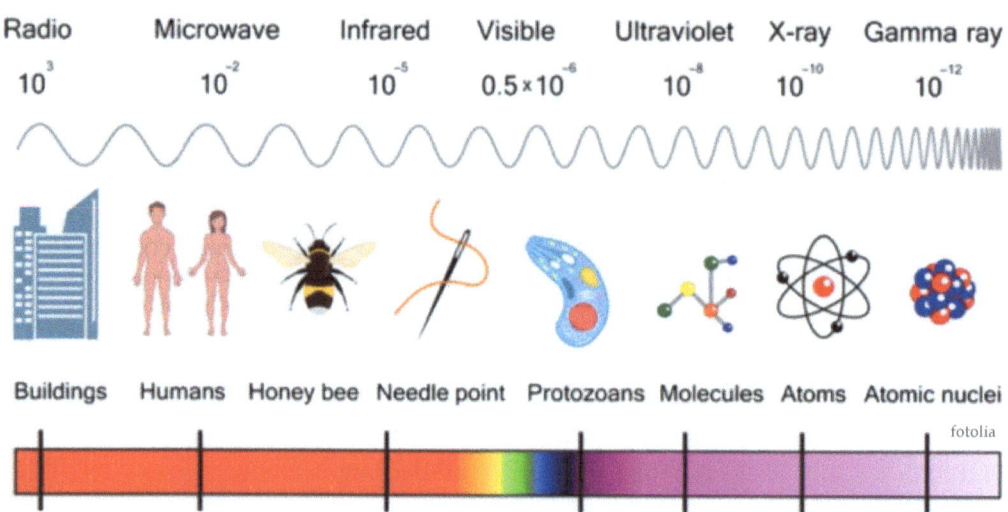

Radio	Microwave	Infrared	Visible	Ultraviolet	X-ray	Gamma ray
10^3	10^{-2}	10^{-5}	0.5×10^{-6}	10^{-8}	10^{-10}	10^{-12}

Buildings   Humans   Honey bee   Needle point   Protozoans   Molecules   Atoms   Atomic nuclei

fotolia

lange Wellen, die im Wachzustand zwischen 14-60 Hz liegen. Diese ist im Vergleich zu anderen Energieströmen gering und schwer messbar. Das ändert jedoch nichts an ihrer grundlegenden Eigenschaft. Gehirnströme sind ein Teil dessen, was wir als *elektromagnetisches Spektrum* bezeichnen: die Gesamtheit aller elektromagnetischen Wellen. Wie für alle anderen Wellen des Spektrums gelten auch für die Gehirnströme alle bekannten Regeln und Gesetze für Energie. Diese Tatsache spielt also auch immer dann eine Rolle, wenn wir über das Bewusstsein nachdenken.

Neuronales Netzwerk

Das Gehirn besteht aus hundert Milliarden Neuronen. Neuronen verarbeiten Informationen und geben Informationen weiter. Jedes Neuron hat hunderte, einige haben bis zu zehntausend Synapsen. Im Gehirn entsteht auf diese Weise ein Zusammenhang von *elektromagnetischen Feldern*. Bei jeder Gehirnaktivität verändern sich alle elektrischen und magnetischen Muster von Millionen Neuronen.

> Denkbar ist: Die Erinnerung besteht in den zusammenhängenden Mustern der elektromagnetischen Felder neuronaler Netze.

Es gibt im Gehirn keine spezifischen *Bewusstseinszellen*. Sehr wohl hat aber jeder einzelne Gedanke ein unverwechselbares Muster in der Aktivität des gesamten

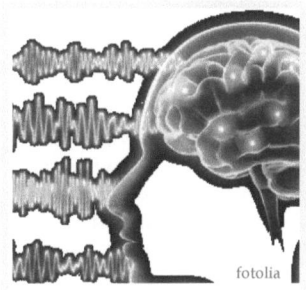

fotolia

Pim van Lommel [1] stellte die These auf, dass Erinnerungen nicht in Gehirnzellen gespeichert werden, sondern ausschließlich in den zusammenhängenden Mustern der elektromagnetischen Felder neuronaler Netze.

Hochgerechnet besteht das Gehirn aus etwa 10^{14} Synapsen. Wenn jede Synapse ein einziges Bit Information enthielte, müssten für das Funktionieren des Gehirns 100.000.000.000.000 Bits Information verarbeitet werden. Das ist weit mehr als die menschliche DNA enthalten kann.

Dagegen kann in einem elektromagnetischen Feld eine unvorstellbare Menge an Information gespeichert werden. Man denke nur an die Milliarden von Webseiten, die von jedem Computer drahtlos empfangen werden können.

Alles ist in unterschiedlichen Wellenlängen kodiert. Die Interferenz der Wellen wird zur Informationsspeicherung genutzt.

---

1 Pim van Lommel, Endloses Bewusstsein. Neue medizinische Fakten zur Nahtoderfahrung, Patmos-Verlag 2014.

Religionskritik

Eine andere Form der Religionskritik vollziehen manche Soziobiologen, die auf der Basis des Darwinismus behaupten, das Gehirn würde von den Genen gesteuert, das heißt auch alle vom Gehirn hervorgebrachten geistigen Prozesse, also auch die ethischen und religiösen Vorstellungen wie unser gesamtes geistig-kulturelles Leben überhaupt.

Religion sei als nichts anderes als eine von den Genen gesteuerte Anpassungsstrategie des Gehirns zum Zweck des Überlebens und der Optimierung der fittesten Gene der Art.

Nicht durch Gott, sondern durch die Gene werde unser Schicksal bestimmt, die göttliche Vorherbestimmung sei in Wahrheit der Determinismus der Gene, und sie seien so die wahren Götter.

Man sollte bei dieser religionskritischen Vermarktung von neurowissenschaftlichen Erkenntnissen sehr vorsichtig sein. Denn mit der gleichen Argumentation muss nicht nur Gott, sondern auch die Existenz eines menschlichen Subjekts, eines Ichs, geleugnet werden. Auch rüttelt die Einstufung des Freiheitsbewusstseins als Täuschung und Illusion am Kern unseres Menschenbildes. [1]

Hirns. Wenn wir vor der Frage stehen, wo das Bewusstsein im Menschen zu lokalisieren ist, sind die elektromagnetischen Felder entscheidend.

Wir wissen: Es besteht eine Korrelation zwischen Aktivitäten im Gehirn und Bewusstseinserfahrung. Doch der bloße Nachweis neuronaler Aktivität sagt nichts über Ursache und Wirkung aus, sondern nur, dass bestimmte Strukturen aktiv sind. Eine Bewusstseinserfahrung kann die Folge einer Gehirnaktivität sein, aber genauso gut kann eine Gehirnaktivität die Folge des Bewusstseins sein.

Materialistische Gehirnforscher gehen von der Annahme aus, dass sich die Gedanken, Gefühle und Erinnerungen des Menschen inhaltlich ganz und gar aus den messbaren Aktivitäten des Gehirns herleiten lassen. Diese Annahme ist jedoch eine Hypothese.

Gott im Gehirn

Wahrscheinlich gibt es keine seelisch-geistigen Vorgänge, denen nicht zugleich neurophysiologische Prozesse im Gehirn entsprechen. Daher kann man auch feststellen, wo sich bestimmte religiöse Erlebnisse im Gehirn vornehmlich widerspiegeln. [2]

Für den Bereich der Gefühle sind vor allem die entwicklungsgeschichtlich älteren und tiefer liegenden, nicht zur Großhirnrinde gehörenden Regionen des Vorderhirns prägend, der Hypothalamus, das mit ihm zusammenhängende »limbische System«, der Hippocam-

1 Ulrich Eibach, Gott im Gehirn? Ich, eine Illusion? Kapitel 2b, SCM Verlag 2. Auflage 2008.
2 Ebenda, Kapitel 3a.

pus und vor allem der als Schaltstelle und Filter für im Gehirn ankommende Reize fungierende und die Gefühle stark prägende Mandelkern (Amygdala). In der Großhirnrinde spiegeln sich religiöse Vorstellungen und Empfindungen besonders im Temporal-, Stirn- und Scheitellappen wider.

Einige Neurophysiologen sind der Meinung, dass ihre Hirnforschungen es sehr wahrscheinlich machen, dass das Gehirn zur Wahrnehmung transempirischer Wirklichkeiten fähig sei (so Andrew Newberg und Eugene D'Aquili). [1]

Nach eigenen Aussagen sind Newberg und Aquili zunächst auch von der naturalistisch-reduktionistischen Theorie ausgegangen. Sie sind aber aufgrund ihrer Arbeit zu der Ansicht gelangt, dass im religiösen Erleben auch eine transzendente Wirklichkeit wahrgenommen werde.

Transzendente Wirklichkeit

Denn ein Gegensatz von Gehirnleistungen und Erfahrungen transzendenter Wirklichkeiten muss ebenso wenig bestehen wie ein Gegensatz zwischen Gehirnleistungen und Erfahrungen der sinnlichen Wirklichkeit. Es besteht kein Grund, Wirklichkeiten der subjektiven Wahrnehmung wegen ihrer Geistabhängigkeit als unreal zurückzuweisen, oder weil sie der empirischen Forschung nicht zugänglich sind. Es gibt keine vom Geist unabhängige Wahrnehmung der Wirklichkeit.

1 A. Newberg, E. D. 'Aquili, V. Rause: Der gedachte Gott. Wie Glaube im Gehirn entsteht, 2003.

Religiöses Erleben hat also immer eine neurophysiologische Basis. Solange es Lebewesen mit derartigen Hirnstrukturen gibt, ist sogar sichergestellt, dass es mystisch – religiöse Erfahrungen gibt.

Ist diese Tatsache vielleicht auch ein Hinweis auf die Existenz der göttlichen Welt? Denn für das, was sinnlich erfahrbar ist, braucht das Gehirn kein besonderes Empfangsorgan. Aber für das, was nicht vor Augen ist, die geistig-religiöse Welt, braucht das Gehirn ein Empfangsorgan, falls es diese Welt als eigenständige Welt wirklich gibt.

Den Sozialbiologen könnte man entgegenhalten, dass die Evolution dieses Empfangsorgan ausgebildet habe, weil es diese transzendente Wirklichkeit des Göttlichen auch gibt. Damit hätte die Evolution dem Nutzen und dem Überleben des Menschen in metaphysischen Fragen entsprochen. Der Mensch kann und soll dieses Empfangsorgan nutzen, um zur göttlichen Welt in Beziehung zu treten.

> Das Gehirn kann zu einem Fenster zur transzendentalen Wirklichkeit werden, das sich dem Göttlichen öffnet.

Quantenphysik im Gehirn

Die Quantenphysik hat viele mysteriös anmutende Wahrheiten ans Licht gebracht, die der klassischen Physik zu widersprechen scheinen. Inzwischen ist die Quantentheorie allgemein anerkannt. Die Effekte der Quantenphysik spielen bei der Größenordnung der Planckschen Länge – sie beträgt 10^{-35} Meter – eine wichtige Rolle. Haben diese Effekte Auswirkungen auf der viel höheren Größenordnung von etwa 10^{-12} Metern, um die es bei den für die Hirnaktivität wichtigen chemischen und elektrischen Prozessen geht?

Es schien so, dass selbst die klassische Gravitation fast keine Auswirkungen auf Prozesse im Gehirn hat, geschweige denn die Quantentheorie. Dennoch existiert offenbar ein Ort, wo eine Wirkung auf der Ebene eines einzelnen Quants für die Nerventätigkeit wichtig sein kann: die Netzhaut.

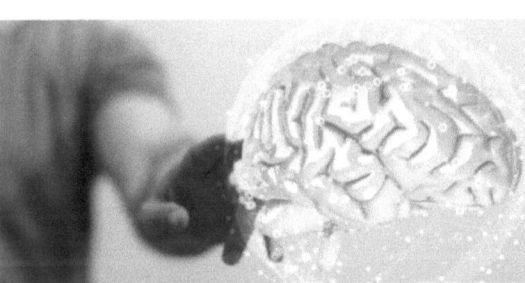

Experimente haben gezeigt, dass der Einfall eines einzelnen Photons ausreichen kann, ein Nervensignal auszulösen.

Bisher weiß man nicht, ob in die Tiefen des Gehirns weitere Zellen sind, die auf einzelne Photonen ansprechen.

1 S. Hameroff, R. Penrose: Consciousness in the universe: a review of the 'Orch OR' theory. In: Physics of life reviews. Band 11, Nummer 1, 2014.

Roger Penrose [1]

stellte mit Stuart Hameroff ein Modell einer Nervenzelle vor, in dem beschrieben wird, wo genau Quantenprozesse eine Rolle für zellinterne makroskopische Prozesse spielen könnten. Als möglichen Ort fanden sich Eiweißmoleküle, die in den Neuronen an der Steuerung der Synapsenstärken beteiligt sein sollen, eine Art weiträumige quantenkohärente Aktivität.

Penrose nimmt eine besondere Art der Isolation an, so dass makroskopische Quantenzustände in Mikrotubuli bis auf einen Zeitraum von 10^{-5} Sekunden erhalten bleiben können, was die Möglichkeit der Beeinflussung neuronaler Prozesse eröffnet. Sollte die ungewöhnliche Theorie von Penrose verifiziert werden, so folgte daraus, dass der quantenmechanische Indeterminismus auch in Gehirnprozessen wirkt.

Eine Eigenschaft des Bewusstseins wäre demnach seine Unberechenbarkeit.

Folgende Theorie ist noch spekulativ, aber dennoch faszinierend:

Was wäre, wenn es molekulare Strukturen in unseren Gehirnen gibt, die in der Lage sind, ihren Zustand als Reaktion auf ein einzelnes *Quantenereignis* zu verändern?

Könnten dann nicht diese Strukturen einen Zustand der *Superposition* einnehmen, also einen Gesamtzustand durch Überlagerung der möglichen Einzelzustände, den wir aus der Quantenphysik kennen?

Wenn wir das Bewusstsein in die zusammenhängenden Muster der elektromagnetischen Felder verorten, haben wir dann auch einen Ort für die *Seele* gefunden?

> Es ist naheliegend,
> dass Bewusstsein und Quantenmechanik
> irgendwie miteinander verbunden sind.

Es gibt eine Seele

Viele Religionen sprechen von einer *Seele* des Menschen. Sie verwenden damit einen Begriff, der in der Neurophysiologie vermieden wird. Wenn wir Seele als synonym mit dem Begriff *Bewusstsein* verstehen, können wir einen Versuch wagen, die alte Vorstellung von der unsterblichen Seele in das neue System von Neoplastizität zu übertragen. Die Seele wäre genau an dem Ort zu lokalisieren, wo wir bisher das Bewusstsein vermuteten, falls *lokalisieren* überhaupt das angemessene Wort ist.

fotolia

Das Besondere dieses *Ortes* ist, dass er nicht mit der Biomasse des Gehirns identifiziert werden muss. Schon die spekulative Theorie van Lommels, das Bewusstsein in die zusammenhängenden Muster der elektromagnetischen Felder der neuronalen Netze, die durch die Gehirnaktivität entstehen, zu lokalisieren, gab einen Eindruck davon, was möglich sein kann. Aber auch die These der String-Theorie, nur die Existenz zusätzlicher Dimensionen würde der physikalischen Wirklichkeit entsprechen, macht anschaulich, mit welchen Überraschungen String-Theorie und Quantenphysik in den nächsten Jahrzehnten noch aufwarten wird.

Die Theologie begegnet modernen Theorien von der Seele eher zurückhaltend, weil das Wort in der Bibel nur *Leben* bedeutet.

fotolia

Das Unbewusste

wird in der Psychologie vom Bewussten unterschieden. Es gehört im Sprachgebrauch von *deus to go* jedoch zum Bewusstsein dazu.

Das Unbewusste besitzt eine eigene Bewusstheit jenseits von dem, was wir das *Ich* nennen.

Es wäre vielleicht angemessener, allgemein von dem *Geist* des Menschen zu sprechen, der Bewusstes wie Unbewusstes umfasst. Jedoch sind die Begriffe Seele und Geist eher in Philosophie und Theologie zu Hause.

C.G. Jung sprach vom *Selbst* des Menschen. Das Selbst ist der übergeordnete Aspekt des Bewusstseins. Es umschließt sowohl den bewussten als auch den unbewussten Teil der Persönlichkeit.

Was ist *Esoterik?*

löst bei den einen wahre Glücksgefühle aus, für andere ist sie ein rotes Tuch.

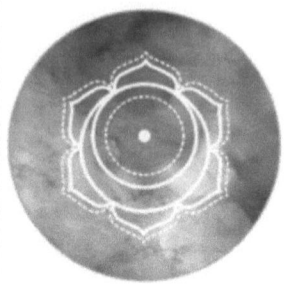

Theologen sollten anerkennen, dass in der Esoterik die transpersonalen Erfahrungen berücksichtigt werden, die eigentlich ureigenstes Thema der Religionen sind.

Die Phänomene beinhalten erweiterte Sinneserfahrungen wie Hellsehen, Erinnerungen an ein vorgeburtliches Leben oder das Bewusstwerden von Innenwelten anderer Personen.

Zum Teil versuchen esoterische Erklärungsmodelle wissenschaftliche Fakten sowie die Quantentheorie aufzunehmen, zu einem anderen Teil entbehren sie aber auch jeglicher wissenschaftlicher Substanz und haben keine logische Stringenz.

Wird die Grenze vom Glauben zum Aberglauben überschritten, lehnt das traditionelle Christentum die Esoterik ab.

Transpersonales Bewusstsein

Schon C.G. Jung (1875-1961) hatte vom *kollektiven Unbewussten* gesprochen. Ist es dasselbe, wenn wir heute die vielen geläufigen Begriffe gebrauchen und beispielsweise von einem universalen, kollektiven, endlosen, transpersonalen oder auch göttlichen Bewusstsein reden?

Transpersonal ist ein Bewusstsein, wenn es Aspekte gibt, die über das Persönliche hinausgehen. Wie immer man dieses transpersonale Bewusstsein auch nennt, es läuft darauf hinaus, dass es um ein Bewusstsein in einem höher-dimensionalen Raum geht. Dieses muss dem persönlichen Bewusstsein des Menschen in irgendeiner Weise zugänglich sein.

> Das Bewusstsein existiert in einer mehr-dimensionalen Raumzeit und steht in Verbindung zu anderen personalen und transpersonalen Bewusstheiten.

Da ein transpersonales Bewusstsein bisher nicht nachweisbar ist, handelt es sich um eine Theorie, die es ermöglichen soll, die unterschiedlichen Bewusstseinserfahrungen besser zu verstehen. Eine spekulative Theorie müsste, wenn sie in sich selbst schlüssig sein sollte, folgenden Gedankengang beinhalten:

Weil das Bewusstsein sich nicht auf die biologische Hardware des Gehirns reduzieren lässt, sondern in der Aktivität der neuronalen Netze im Gehirn existieren kann, ist die Quelle für das endlose Bewusstsein im *nicht-lokalen Raum*. In höheren Raumzeit-Dimensionen könnte unser Bewusstsein eine Verbindung zu dem Bewusstsein anderer lebender oder verstorbener Personen haben - und auch zum göttlichen Bewusstsein. Bei diesen Begegnungen kommt es zu einem nicht-lokalen Informationsaustausch. Dieses Empfänger-Sender-Verhalten ist bislang noch nicht nachgewiesen, aber möglicherweise kann in Zukunft die *Quantengravitation* bei diesem Prozess eine erklärende Rolle spielen.

> Gott ist Geist,
> und die ihn anbeten, die müssen ihn im
> Geist und in der Wahrheit anbeten.
>
> Die Bibel, Johannes 4,24

Gott ist Geist

Werfen wir an dieser Stelle einen Blick auf die Vorstellung vom Geist im christlichen Kontext. Wir wissen nicht genau, was Jesus im Johannesevangelium unter *Geist* verstanden hat.

Um den Begriff für uns vorstellbar werden zu lassen, sollten wir jedoch die traditionellen Dreiteilungen (wie z.B. in *Leib-Seele-Geist*) hinter uns lassen. Ich glaube, dass diese Einteilung, die aus dem griechischen Denken kommt, künstlich ist.

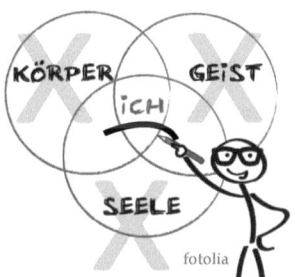

Ein Unterschied von Seele und Geist ist mir nicht deutlich genug, genauso wenig wie ich wissenschaftlich zwischen *Herz und Verstand* trennen kann, denn ich beziehe mich dabei auf dieselbe im menschlichen Körper zu lokalisierende Größe, das Gehirn. Sprechen wir statt dessen lieber vom *Ich*.

Ruach

Das hebräische Wort *ruach* bedeutet im alten Testament *Wind, Hauch, Atem* und bezieht sich auf den menschlichen wie auf den göttlichen Geist.

Oft bewirkt der göttliche Geist im Menschen besondere Taten oder Begabungen. Er ist einerseits nicht verfügbar, wirkt andererseits jedoch sehr real und konkret in die Welt hinein.

In ähnlicher Weise ist im neuen Testament das griechische Wort *pneuma* der göttliche Geber wie auch die Gabe, die sich im Menschen auswirkt.

In der *Philosophie* stand der Geist lange Zeit für das Gegenteil von Materie. Daraus resultierten auch viele leibfeindliche Weltanschauungen, die das Körperliche abwerteten.

Auch die zeitweilige Definition von Geist als *Verstand* war eine Reduktion, ebenso wie die einseitige Verbindung von Geist mit *Sittlichkeit* und Moral.

Geist, Seele und *Bewusstsein* sind austauschbare Begriffe, so dass wir allenfalls von einem *dualen* Menschenbild ausgehen können, das zwischen Körper und Geist unterscheidet. Aber auch das ist nur vorläufig.

Letztlich gehen wir von einer vereinheitlichenden Vorstellung aus, in der Körper und Geist zwei Aspekte der einen menschlichen Person sind. Wir werden noch sehen, dass in einem tieferen Verständnis Körper und Geist so wenig zu trennen sind wie Materie und Energie.

Wie sollen wir von Gott reden ?

Aus den östlichen Religionen stammen zahlreiche Ausdrucksweisen, die vom kosmischen Geist oder der Weltseele sprechen. Nach indischen Vorstellungen lässt sich vom Yogi ein kosmisches Bewusstsein erlangen, das entsteht, wenn das individuelle Bewusstsein mit dem kosmischen Geist eins wird. Mit der christlichen Tradition lassen sich solche Vorstellungen schwer verbinden. Ein Vermeiden von Wörtern, die auch bei uns allgemeine Verwendung gefunden haben, ist aber schwierig, denn:

Keine Religion hat ein Copyright auf religiöse Begriffe.

Deshalb plädiere ich dafür, unbefangener mit gewissen Wörtern umzugehen. Begriffe sind immer nur ein sprachlicher Versuch, sich der Wahrheit anzunähern. Ein kosmischer Geist ist nicht schon deswegen verdächtig, weil er sich überirdisch anhört. Und die Rede von Gott als Weltseele ist nicht an den weltanschaulichen Hintergrund des Hinduismus gebunden.

Gottesebenbildlichkeit

Der Schöpfungsbericht der Bibel erklärt das Verhältnis zwischen Gott und Mensch im Sinne eines Abbildes:

Und Gott sprach: Lasset uns Menschen machen, ein Bild, das uns gleich sei ... . Und Gott schuf den Menschen zu seinem Bilde, zum Bilde Gottes schuf er ihn ... Genesis 1, 26f

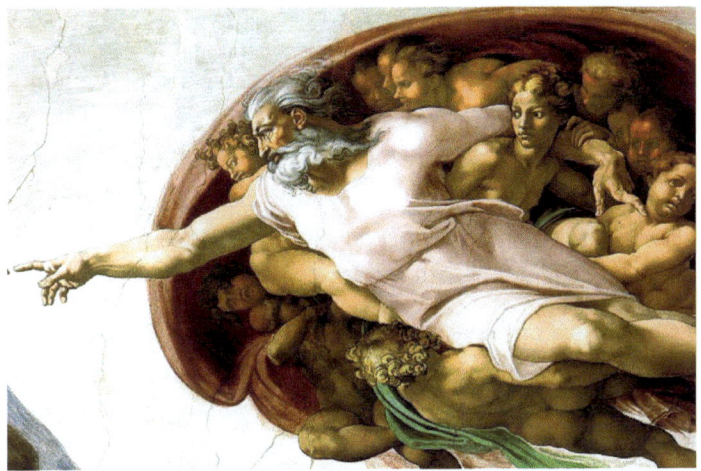

Michelangelo, sixtinischen Kapelle, 1512   fotolia

Wie ist diese Ebenbildlichkeit von Gott und Mensch zu verstehen? Im Sinne eine *Ähnlichkeit?* Oder bloß ethisch-moralisch oder als vielleicht als Beziehungsmodell?

Das hebräische Wort dəmût Nachbildung, Gestalt, Abbild, weist darauf hin, dass tatsächlich eine volle Vergleichbarkeit gemeint ist und nicht ein bloß davon abhebbarer Grad der bloßen Ähnlichkeit. [1]

1 Gesenius, Hebräisches und Aramäisches Handwörterbuch über das Alte Testament1, Springer-Verlag 8. Aufl. 2013., S. 254.

Wer ist Elohim?

Im ersten Genesis-Kapitel lautet das Schlüsselwort zu einem tieferen Verständnis des biblischen Schöpfungsberichtes elohim, das mit Gott übersetzt wird. elohim ist ein Pluralbegriff, ähnlich die Engelwesen Cherubim und Seraphim. Dieser Pluralbegriff hat ein Prädikat in der Einzahl: sprach ... , aber es ist auffällig, dass elohim sagt: lasst uns ... uns gleich.

Auch wir kennen heute Mehrzahlbegriffe mit einem Singularprädikat: Gruppe, Schar, Kollektiv. Offenbar liegt dem alten Text der Bibel eine Vorstellung zugrunde, nach der Menschen ein Abbild bereits existierender Wesen sind, geschaffen von einem Kollektiv bewusster Wesen.

Als Jesus von den Pharisäern der Gotteslästerung bezichtigt wurde, konterte Jesus mit dem Zitat von Psalm 82,6: Wohl habe ich gesagt: Ihr seid Götter (elohim) und allzumal Söhne des Höchsten.

Die Schlussfolgerung ist naheliegend: Wenn das Schöpferkollektiv *elohim* den Menschen schuf und die Menschen *elohim* sind, bedeutet das theologisch nichts anderes als dass die Menschen eine *elohim-Natur* besitzen.

Kapitel 5

Gott als Geheimnis der Welt

Der Schöpfergott

Die Quantenphysik impliziert die Tatsache, dass erst die bewusste Beobachtung die Realität schafft. Vorher ist alles nur eine Wolke von Wahrscheinlichkeiten und Möglichkeiten in Überlagerung aller möglichen Zustände. Alles existiert verschwommen, gleichzeitig, überall und nirgends. Allein die Tatsache einer bewussten Intelligenz schafft die Realität und bringt ein Universum hervor. So könnte man aufgrund der Existenz intelligenten Lebens und der darauf ausgerichteten Gesetze im Kosmos auf einen geplanten Schöpfungsakt schließen. Ein Schöpfergott hat die Gesetze mit erschaffen und würde sie wohl immer so schaffen, dass sie harmonisch ineinandergreifen und zu einer sinnvollen Existenz führen. [1]

Dabei geht es, wie ich zu Anfang des Buches schon sagte, nicht darum, Indizien für die Existenz Gottes zu sammeln, um schließlich einen Gottesbeweis zu versuchen. Ich gehe in *deus to go* den umgekehrten Weg, den Glauben an Gott in der modernen Welt, die auf dem Weltbild der Quantenphysik beruht, plausibel zu machen.

> Gott, das ewige Bewusstsein,
> beobachtet uns alle und lässt unsere
> Wellenfunktionen kollabieren,
> so dass wir existieren.

Ohne in einen Begründungszwang zu verfallen, ließe sich diese Hypothese so formulieren. Sie impliziert, dass

1 Volker Becker, Gottes geheime Gedanken, München 2008, Abschnitt: Der Beobachtende Geist als Bedingung für den Kosmos.

das Bewusstsein eine grundlegende Eigenschaft des Universums ist, grundlegender noch als Atome. [1]

Dabei muss einer Wunschvorstellung widersprochen werden, nach der Menschen glauben, unser Bewusstsein könne eine Realität nach unseren Wünschen schaffen. Das ist nicht der Fall.

1 Michio Kaku, Die Physik des Bewusstseins. Die Zukunft des Geistes, Hamburg 2014, S. 486

Gott ist Person

Wir nennen Gott in der christlichen Tradition Vater oder Allmächtiger oder einfach HERR, wenn wir das hebräische Wort *Jahwe* übersetzen. Auch das Wort Mutter findet in der Bibel und in der modernen Theologie Verwendung. Welche Gottesnamen wir auch finden, es sind in der Regel personale Bezeichnungen.

Können wir von Gott auch anders sprechen? Als Urgrund allen Seins, als kosmisches Bewusstsein, als einem Informationsmuster, das alle Dimensionen umfasst? Oder führt uns das geradewegs zu einem unpersönlichen Gott, der dem Gottesbild der Bibel sehr fern steht?

Jesus hat in sehr vertrauter Weise zu Gott, seinem Vater (gr. abba) gesprochen und dennoch den alttestamentlichen Begriff Geist (hebr. ruach) verwendet. Geist lässt sich auch mit *Bewusstsein* übersetzen. Der Widerspruch zwischen einem persönlichen Gott und einem unpersönlichen Gottesbild mit über die Person hinausgehenden Eigenschaften ist nur ein scheinbarer. Denn ein Bewusstsein weist immer personale Eigenschaften auf.

> Das göttliche Bewusstsein
> bildet personale Eigenschaften aus.

Wie sieht diese Eigenschaft im menschlichen Bewusstsein aus? Das Informationsmuster der Neuronen bildet im menschlichen Gehirn unsere Persönlichkeit aus. Analog zum menschlichen Geist, der nach dem Abbild Gottes geschaffen ist, bildet ein göttlicher Geist, der den gesamten Kosmos umfasst, ebenfalls eine Persönlichkeit aus.

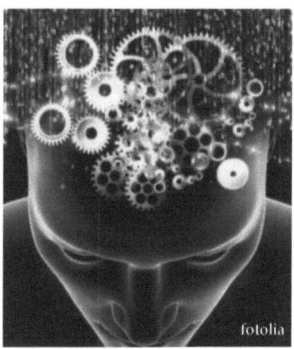
fotolia

Deduktives Denken

Die christliche Dogmatik entstand in einem Umfeld, das von der alten griechischen Philosophie und später vom lateinischen Denken geprägt war.

Aus diesem Grund enthält die christliche Lehre sehr viel *deduktives* (ableitendes) Denken, bei dem durch das Erkennen einer logischen Regel und einer gegebenen Bedingung eine Schlussfolgerung stattfindet.

Das führt jedoch nicht selten ins Absurde, wie zu der Frage: *Kann Gott einen Stein schaffen, den er selbst nicht tragen kann?*

Wenn die Antwort *nein* lautet, ist er nicht allmächtig, weil er nicht alles erschaffen kann. Wenn die Antwort *ja* lautet, ist er auch nicht allmächtig, weil er nicht alles tragen kann.

Der Fehler dieses Denkens liegt darin, die Begriffe nicht zu hinterfragen, sondern sie vorauszusetzen.

Pantheismus und Panentheismus

Nach der Lehre des *Pantheismus* ist Gott mit der Natur identisch. Er wird hier als einziges Grundprinzip angenommen, was einen *Monismus* darstellt.

Der Philosoph Baruch de Spinoza hatte im 18. Jahrhundert diese Lehre vertreten, sie geht jedoch schon auf die alte griechische Philosophie zurück.

Wenn die christliche Theologie kritisierte, dass die Transzendenz Gottes im Pantheismus verloren gehe, muss berücksichtigt werden, dass unter Welt in der Regel das alte, auf den Gesetzen Newtons beruhende Weltbild verstanden wurde.

Und wenn das 1. Vatikanische Konzil (1870) für die katholische Kirche verkündete, dass man Gott *als wirklich und wesentlich von der Welt verschieden verkünden* [1] *müsse*, war von der neuen Welt Einsteins und der Quantenphysik noch keine Spur in Sicht.

Der *Panentheismus* soll demgegenüber ausdrücken, dass die Welt zwar in Gott enthalten ist, dieser aber umfassender als jene gedacht wird.

Ein kosmisches Bewusstsein ist ebenso der Vater und umgekehrt.

Es stellt sich nun allerdings die Frage, ob Gott mit dem Kosmos, der Natur identisch ist. Die Antwort auf diese Frage ist nicht nur entscheidend für das Gottesbild, sondern auch für das Verständnis des Menschen und des Kosmos.

Sicherlich ist Gott *Teil* seiner Schöpfung, aber wenn er das *Ganze* ist, gibt es keinen Unterschied mehr zwischen der Natur und Gott. Alles wäre ein Teil von Gott. Das würde bedeuten, dass es keine anderen eigenständige Kräfte und Mächte gibt als nur Gott, der als allmächtig und alleinwirksam gedacht wird.

> Personale Bewusstheiten
> besitzen eigene Wirkmächtigkeiten.

Ist Gott allmächtig?

Gibt es in diesem Sinne einen allmächtigen, planenden Gott, der mit der Entwicklung der Welt identisch ist, d.h. auch mit allem, was in dieser Welt geschieht?

Überlegen wir uns einmal genau, was das bedeuten würde: In einer Kausalkette müsste immer genau das passieren, was Gott sich wünscht. Wenn nicht, fragt man sich: Was ist passiert? Warum schafft Gott die Welt nicht so, dass sein Plan erfüllt ist? Die Antwort würde lauten: Entweder *will* Gott es nicht, oder er *kann* es nicht. Diese Fragestellung wurde in der Theologie als

1 Josef Neuner, Heinrich Roos: Der Glaube der Kirche in den Urkunden der Lehrverkündigung. Pustet, Regensburg 1965, S. 127.

sogenannte *Theodizeefrage* diskutiert, gemeint ist die Rechtfertigung Gottes angesichts des Leidens in der Welt.

Theodizee

Über die Theodizeefrage ist in der christlichen Theologie viel nachgedacht worden, die Lösungsansätze sind aber bescheiden. Viel einfacher und hilfreicher scheint mir ein Blick auf die biblischen Quellen zu sein. Hierbei fällt sofort auf, dass der griechisch-philosophische Begriff von der *Allmacht Gottes* in der Bibel gar nicht vorkommt. Stammt die Vorstellung von einem allmächtigen Gott vielleicht gar nicht aus der Bibel?

Dazu kommt eine weitere Beobachtung: Es spielt sich nicht alles, was geschieht, zwischen Gott und Menschen ab, wie der Monotheismus zunächst vermuten lassen könnte. Zwischen Gott und Menschenwelt ist auch Raum für andere Geister, Mächte oder Persönlichkeiten, die Gott in gewisser Weise nahe kommen, wenngleich sie Gott auch nicht ebenbürtig sind.

Ist der Mensch diesen Kräften ausgesetzt, wie es auf diesem Bild mit dem Engelchen und dem Teufelchen dargestellt ist, die etwas einflüstern?

Während im Alten Testament noch unbefangen von anderen Göttern die Rede ist, die dem einzig wahren

fotolia

Marionetten

… in einem großen Plan.

Zumindest existiert eine solche Vorstellung. Es ist der Glaube, dass alles, was geschieht, vorherbestimmt sei - auch wenn wir Menschen in der Illusion leben, wir hätten selbst eine Entscheidung getroffen. In Wahrheit haben wir aber bloß als *Marionetten* eines großen Plans gehandelt.

Ich vermute, dass der Glaube an eine Vorherbestimmung weit verbreitet ist. Doch führt er in viele Widersprüche.

So kennen zum Beispiel die meisten Religionen ein *Weltgericht,* in dem Menschen für ihre Taten belohnt oder bestraft werden.

Gäbe es jedoch eine Vorbestimmung, hätten diese Menschen gar keine Wahl gehabt, so oder anders zu handeln. Sie würden für etwas verantwortlich gemacht, für das sie nichts können.

Dualismus

ist eine Lehre, die entweder beinhaltet, dass es zwei Götter oder zwei Prinzipien gibt, die sich gegenseitig bekämpfen oder aber dass Gott zwei Seiten hat, so wie es Licht und Schatten gibt.

Beide Spielarten des Dualismus finden sich in der christlichen Theologie, sind aber in ihrer extremen Form von den Kirchen stets als Irrlehre zurückgewiesen worden.

So findet sich im Christentum der Gegensatz von Gott und Satan, sowie Engel und Dämonen. Zu dualistischen Lehren unterscheidet sich das Christentum darin, dass diese nicht als gleich mächtig angesehen werden und der Ausgang des Kampfes auch nicht ungewiss ist.

Die Vorstellung, dass Gott in sich selber gut und böse ist, so wie es kein Licht ohne Schatten gibt, würde bedeuten, dass Gott seinen Widerpart braucht, um Gott sein zu können.

Diese Lehre wurde als so schwierig empfunden, dass sie sich in der Theologie letztendlich nicht durchsetzen konnte. Denn sie würde bedeuten, dass Gott nicht mehr wirklich gut ist. *Es gibt keine Alleinwirksamkeit Gottes, die das Böse mit einschließt*

Gott unterlegen sind, kennt der Apostel Paulus Engel, Mächte und Gewalten. Sie üben ihren Einfluss aus, können aber gewisse Grenzen nicht überschreiten:

Denn ich bin gewiss, dass weder Tod noch Leben, weder Engel noch Mächte noch Gewalten, weder Gegenwärtiges noch Zukünftiges, weder Hohes noch Tiefes noch irgendeine andere Kreatur uns scheiden kann von der Liebe Gottes, die in Christus Jesus ist, unserm Herrn. Die Bibel, Römerbrief 8, 38

Engel, Mächte und Gewalten werden hier als überpersönliche Größen vorgestellt, die Einfluss auf Menschen ausüben können. Sie sind in schwer bestimmbarer Weise in einem Zwischenbereich zwischen Mensch und Gott angesiedelt, einerseits eindeutig über den Menschen, andererseits eindeutig unter Gott, weil sie es nicht schaffen, die Menschen von der Liebe Gottes zu trennen. [1]

Verstorbene, Geister, Engel und Dämonen haben in vielen Religionen ihren Platz und machen deutlich: Es existieren personhafte Bewusstheiten, die einen eigenen Handlungsspielraum haben, und den Lauf der Dinge verändern können. Es spricht nichts gegen die Existenz solcher Bewusstheiten. Schließlich sieht es auch so aus, als habe der Mensch diese Fähigkeit. Und es müsste schon sehr trickreich zugehen, wenn dieser Eindruck eine Illusion wäre.

1 Martin Hailer, Götzen, Mächte und Gewalten, Göttingen 2008, S.100.

Existiert das Böse?

Die Logik liegt auf der Hand: Wenn Gott in sich selbst gut ist und für das Böse nicht verantwortlich ist, dann kann er unmöglich die negativen Dinge in unserer Welt wollen bzw. mit eingeplant haben. Da Gott diese Dinge aber offenbar toleriert, ist er im strengen Sinne des Wortes nicht allmächtig. Denn: Entweder kann er die Dinge nicht ändern, oder er will sie nicht ändern. Vielleicht, weil er in den Verlauf, für den der Mensch verantwortlich ist, nicht eingreifen will.

David Hume sagte sinngemäß:

Sofern das Böse in der Welt zu Gottes Plan gehört und er es toleriert, kann er nicht gut sein; läuft es aber seinem Plan zuwider, ist er nicht allmächtig. Er kann nicht, wie die meisten Religionen es behaupten, zugleich gut und allmächtig sein.

fotolia

Nun möchte ich nicht unser kleines Teufelchen, dem sich die Neuzeit so elegant entledigt hat, durch die philosophische Hintertür wieder einführen. Teufelsvorstellungen haben eine so gräusliche Rolle in der Kunst und Kirchengeschichte des Mittelalters gespielt, dass die Frage angebracht ist, ob der Teufel überhaupt noch notwendig ist. Auch aus pädagogischen Gründen macht die Rede vom Teufel mehr Angst als Sinn. Unser kleines Teufelchen braucht also dringendst ein Update, um noch eine Chance zu kriegen. Aber die bekommt es !

Es ist gar keine Frage, dass sich unser Weltbild radikal von dem mythologischen Weltbild der vergangenen Jahrhunderte unterscheidet. Aber die Frage, ob Gott auf irgendeine Weise einen Gegenpart braucht, ist immer noch eine aktuelle Frage. Denn die Logik ist die: Wenn wir Gutes und Böses komplett in das menschliche Bewusstsein verlegen, haben wir Himmel und Hölle zwar entmythologisiert, sind aber nicht besser dran als vorher. Denn im menschlichen Geist findet sich genug Böses, um auch eine Hölle auf Erden vorstellbar werden zu lassen.

Für den religiösen Menschen allerdings, der von der Existenz Gottes überzeugt ist, stellt sich darüber hinaus die Frage, ob das objektiv Böse in der Welt Gott in die Schuhe geschoben werden kann. Außerdem macht das kollektiv Böse sehr nachdenklich, also die Erfahrung von bösen Kräften, die in Gruppen von Menschen freigesetzt werden. Kann das allein aus dem Verhalten der Individuen erklärt werden? Das anschaulichste Beispiel dafür ist immer noch die Kreuzigung Jesu, die auch René Girard veranlasste, die Vorstellung vom Satan wieder in die Philosophie einzuführen. [1]

Die mimetische Theorie

Der französische Philosoph René Girard (1923 - 2015) stellte in seiner *mimetischen Theorie* einen Zusammenhang zwischen Nachahmung (*gr. mimesis*) und Gewalt her. Ursache zwischenmenschlicher Gewalt ist demnach das Nachahmungsverhalten von Menschen, die in engem Kontakt miteinander leben. Girard postuliert die Existenz einer fundierenden Erfahrung: Eine Gewaltspi-

1 René Girard, Ich sah den Satan vom Himmel fallen wie einen Blitz, München-Wien 2002, S.50-66.

rale entsteht mit dem Begehren und den Rivalitäten, setzt sich fort in der mimetischen Krise und wird vorläufig durch die Opferung eines Sündenbocks unterbrochen.

Girard hat als Philosoph keine Hemmungen, den religiösen Begriff *Satan* zu verwenden. Satan ist die Mimetik, die die gesamte, einmütige Gemeinschaft davon überzeugt, dass die Schuld des Sündenbocks real sei. Die beteiligten Opfer des Prozesses wissen nicht, was sie tun.

Satan ist Jemand

Girard beschreibt die konfliktuelle Mimetik mitsamt seinem Opfermechanismus als einen Prozess, der über das Böse im individuellen Bewusstsein hinaus geht. Es ist für Girard denkbar, dass Satan allein in der Mimetik existiert. Man muss ihm kein personales Sein im ontologischen Sinne zugestehen, auch um theologisch einen Unterschied zwischen Gott und dem Teufel festzuhalten.

In jedem Fall aber ist Satan mehr als ein nichtpersonales Prinzip, er existiert immer als *Jemand.*

Künstliche Intelligenz

ist bisher nur in ihren Grundlagen erforscht. Dabei geht es der *starken künstlichen Intelligenz* um nichts weniger als um das Schaffen von Bewusstsein.

Unter *schwacher künstlicher Intelligenz* versteht man bislang den Versuch, menschliche Entscheidungsstrukturen nachzubilden, wobei meist einfache Algorithmen ein intelligentes Verhalten simulieren.

Darüber hinaus gibt es Versuche, neuronale Netze des menschlichen Gehirns künstlich auf dem Computer zu simulieren. Dabei handelt es sich um selbstlernende Systeme, die mit Daten trainiert, aber nicht mehr programmiert werden.

Ist das Science-Fiction-Szenario vorstellbar, dass solche künstlichen Intelligenzen *böse* werden? Können künstliche Intelligenzen selbstständig Kriege vom Zaun brechen oder ethnische Säuberungen durchführen?

Wenn künstliche Intelligenz dazu nicht in der Lage ist, also das Böse nicht aus der Intelligenz stammt, stellt sich aber erneut die philosophische Frage: *Woher kommt dann das Böse im Menschen?*

Theologie nach Auschwitz

Im vergangenen Jahrhundert hat sich am deutlichsten die sogenannte *Theologie nach Auschwitz* mit der Rolle Gottes und des Bösen in der Welt auseinandergesetzt - angesichts der historischen Erfahrung des Holocaust.

Die traditionelle Lehre, dass Gott allmächtig, allwissend und allgütig sei, wird mit der Tatsache kontrastiert, dass es viel Böses in der Welt gibt. Alle monotheistischen Religionen sind mit dieser Frage konfrontiert: Wie kann die Existenz Gottes mit dem Phänomen des Bösen als vereinbar betrachtet werden? Die Antwort hat Konsequenzen für das Gottesbild.

Hans Jonas sprach von dem Verzicht Gottes auf das Prädikat der Allmacht. Zu Auschwitz sagt er:

> Nicht weil er nicht wollte,
> sondern weil er nicht konnte,
> griff Gott in Auschwitz nicht ein.
>
> Hans Jonas

Die Einschränkung des Allmachtsbegriffs liegt in der Struktur der von Gott geschaffenen Welt. Sicherlich kann man sagen: Gott hat in seiner Allmacht aus Liebe die Welt erschaffen. Aber seit dem Zeitpunkt der Schöpfung ist er im strengen Sinne des Wortes nicht mehr allmächtig, denn er hat seine Macht mit der Welt geteilt. *Macht* ist immer Macht über eine andere, schwächere Macht, insofern ist der Begriff der Allmacht auch

Antworten

auf die Rechtfertigung Gottes angesichts des Leids in der Welt zu geben - das stellt sicherlich eine der größten Herausforderungen für Theologen dar. Dabei beruht das logische Problem einzig und allein auf der philosphischen Prämisse Gott sei allmächtig.

Gläubige Christen mögen fragen: Ist der Begriff Allmacht nicht in der Bibel und den Glaubensbekenntnissen so fest verankert, dass unmöglich auf ihn verzichtet werden kann?

In unserem deutschen Sprachgebrach ist die Rede von der Allmacht sicherlich unverzichtbar, allerdings müssen wir beim Verstehen dessen, was Allmacht bedeutet, vom hebräischen Verständnis des Wortes ausgehen, nicht vom philosophischen.

Ein Gottesglaube, der nicht Gefahr laufen will, vom ersten Zweifel umgespült zu werden, darf die Theodizeefrage nicht überspringen. Die Antwort, Gott sei unbegreiflich und deshalb könne man es nicht verstehen, ist keine Antwort.

Langfristig ist es hier für die Glaubwürdigkeit wichtig, dass Glaubensüberzeugungen in sich stimmig sind und den Quellen des Glaubens, den biblischen Schriften, entsprechen.

1 Hans Jonas, Der Gottesbegriff nach Auschwitz, Suhrkamp-Verlag 1987.

Was ändert sich?

Was ändert sich für den gläubigen Menschen, wenn Gott für ihn nicht mehr allmächtig wäre, sondern nur noch mächtig?

Ich glaube, es würde keinen großen Unterschied machen, denn auch den Menschen der Bibel blieb oft nur die Möglichkeit, an Gottes Macht auch gegen den Augenschein zu glauben.

Der Gott, wie ihn das Alte Testament unter dem Namen Jahre kennt, konzentrierte seine Macht lange Zeit in besonderer Weise auf das Volk Israel, das schmerzhaft die Macht anderer Völker und Götter erfuhr.

Für den Apostel Paulus war Gottes Kraft in Schwachheit mächtig (2. Korinther 12,9). Daran hat sich bis heute nichts geändert.

Eberhard Jüngel plädiert dafür, nur noch von der Allmacht der Liebe Gottes zu sprechen, wie sie in der Geschichte Jesu Christi deutlich geworden sei. [2]

in sich selbst widersprüchlich. Gott hat sich seit der Schöpfung einer bedingungslosen Immanenz verschrieben. Hans Jonas bezieht sich auf die kabbalistische Lehre vom Zimzum von der Selbstentäußerung, der Selbsteinschränkung Gottes nach dem Akt der Schöpfung.

Gott ist mächtig

Das Hebräische kennt kein Wort für *Allmacht*. Gott wird an vielen Stellen als überaus mächtig dargestellt. Es gibt ein ganzes Sprachfeld zur Beschreibung göttlicher Macht, das nicht einfach mit der deutschen Übersetzung Allmacht gleichgesetzt werden kann. Die meisten hebräischen Worte bedeuten: stark, mächtig, überlegen, groß, erhaben. Auch der Gottesnamen *El Schaddaj* kann nicht einfach mit Allmächtiger übersetzt werden. [1]

Wichtig ist bei Jonas die Priorität der Liebe vor der Macht. Zugunsten der Freiheit der geschaffenen Welt und nicht zu ihrer Ungunsten verzichtet Gott auf seine Allmacht.

> Christus hat zu mir gesagt:
> Lass dir an meiner Gnade genügen;
> denn meine Kraft ist in den Schwachen mächtig.
>
> Die Bibel, 2. Korinther 12,9

1 Walter Dietrich, Die dunklen Seiten Gottes 2. Allmacht und Ohnmacht, Neukirchener Theologie 2015.
2 Eberhard Jüngel: Wertlose Wahrheit. Zur Identität und Relevanz des christlichen Glaubens, theologische Erörterungen. III, München 1990, S. 272.

Determinismus vs. Freiheit

Ich fasse die Entwicklung noch einmal zusammen: [1] Pierre Simon Laplace entwarf zu Beginn des 19. Jahrhunderts eine vollständig deterministische Weltanschauung. Wie die Bewegungen der Zahnräder in einem Uhrwerk vorherbestimmt sind, so sind alle Handlungen genau vorhersagbar und berechenbar.

Bis zum heutigen Tag hängen viele Menschen diesem Materialismus an. Dabei vollzogen Max Planck und die Quantenphysiker zu Beginn des 20. Jahrhunderts eine Revolution in der Naturwissenschaft, die das bis dahin gültige Weltbild ablöste.

In einem mechanischen Universum ist jede Stellung eines Objekts aufgrund von Ort, Masse und Geschwindigkeit bis zu jedem beliebigen Zeitpunkt vorausberechenbar. Selbst unsere Gedanken, die biochemische Prozesse darstellen, wären im Prinzip vorhersehbar. Nach der Quantenphysik herrschen auf atomarer Ebene jedoch der Zufall und die Unbestimmtheit. Dinge passieren unvorhersagbar und ohne kausalen Zusammenhang. Es sieht so aus, als sei nichts vorherbestimmt.

Auch in der Religion ist der Gedanke logischer, dass Bewusstheiten, die personale Identitäten ausbilden, einschließlich des Menschen, ein gewisses Maß an Freiheit besitzen. Doch ganz gleich, welche Vorstellung vorausgesetzt wird: Gott existiert, ob im Ganzen oder als Teil, jedenfalls im Zusammenspiel der Kräfte im Kosmos. Und da ist nichts statisch, sondern alles dynamisch. Es gilt: Gottes Sein ist im Werden.

1 Vgl. Dirk Schneider, Jesus Christus Quantenphysiker, Karlsruhe 2013, Kapitel 1

Luther und Erasmus

Um den freien Willen stritten bereits der Reformator Martin Luther und der katholische Theologe Erasmus von Rotterdam im Jahr 1528.

Erasmus argumentierte für die freie Willensbildung eines jeden Menschen, der sich, allerdings mit der Gnade Gottes, selbst für Gut oder Böse entscheiden könne.

Bei Luther ist der Mensch nicht zum Guten fähig, es kommt allein auf die Gnade an, wenn es um geistliche Dinge geht. Luther gesteht aber in weltlichen Dingen einen freien Willen zu.

Daran wird erkennbar, dass es Luther nicht um eine logische Durchdringung des Problems ging, sondern um die kämpferische These, die er vertrat: *Der Mensch wird entweder vom Teufel geritten oder von Gott.*

Luther vertrat nicht die extreme theologische Position des Reformators Calvin, der mit der doppelten Prädestination lehrte, dass Gott im Vorhinein festlegt, wer zum Himmel oder zur Hölle bestimmt ist. Luther konnte seine Lehre der einfachen Vorherbestimmung zum Heil aber nicht logisch davon abgrenzen.

Freier und unfreier Wille

Auf dem Prinzip des freien Willens beruht im Grunde genommen unsere ganze Zivilisation. Denn nur aus dem freien Willen lassen sich Vorstellungen wie Belohnung und Bestrafung sowie persönliche Verantwortung ableiten. [1]

In den meisten Religionen wird irgendeine Form von Vorherbestimmtheit (Prädestination) gelehrt. Diese ergibt sich aus dem Gottesbild: Da Gott allmächtig, allwissend und allgegenwärtig ist, kennt er die Zukunft, und daher liegt diese von vornherein fest. Dieses festgefahrene Bild entspricht in keiner Weise den lebhaften Geschichten der Bibel, die alle ein eher dynamisches Gottesbild nahelegen. Eine Rückbesinnung der Theologie auf die Quellen der Bibel können hier zu einer notwendigen Korrektur führen.

Die wissenschaftlichen Antworten zur Willensfreiheit fallen gegenwärtig unterschiedlich aus. Viele Neurowissenschaftler glauben, dass der freie Wille nicht existiert. Dagegen stehen Quantenphysik und Chaostheorie. Vielleicht verhindert eine Kombination von Quanteneffekten und Chaos eine perfekt deterministische Welt.

Ich vermute: Die Antwort auf die Frage *Determinismus oder Freiheit?* ist nicht ein Entweder-Oder, sondern Sowohl als auch. Es ist sehr oft ein Irrtum des logischen Verstandes, zu meinen es gäbe nur das eine oder das andere. Vielleicht gibt es beides. Jeweils unter eigenen Voraussetzungen und Bedinungen.

1 Michio Kaku, Die Physik des Bewusstseins. Über die Zukunft des Geistes, Hamburg 2014, S.491.

Die Ohnmacht des Willens

Eine Theologie, die sich stark am Apostel Paulus orientiert, hat aus theologischen Gründen immer eine große Zurückhaltung gegenüber der zentralen Stellen der Freiheit geübt. Der Grund dafür liegt darin, dass der Mensch ganz und gar auf Gottes Zuwendung angewiesen ist. Dadurch ist er nicht autonom. Er besitzt nur eine begrenzte geschöpfliche Freiheit. Er ist immer angewiesen auf Gott und auf seine Mitmenschen. Diese Bedingungen setzen der menschlichen Freiheit Grenzen.

Paulus hat die Ohnmacht des menschlichen Willens, den Willen auch in die Tat umzusetzen, eindrucksvoll beschrieben. Nicht der Wille, aber der Mensch, der seinen Willen umsetzen will, ist zerrissen:

> Wollen habe ich wohl, aber das Gute vollbringen kann ich nicht.
>
> Die Bibel, Römerbrief 7, 18

Diese Erfahrung kann auch menschliche Realität sein, sie kann in bestimmten Situationen so erlebt werden. Aber es ist sicherlich falsch, diese Erfahrung zu verabsolutieren, nur weil sie unter gewissen Umständen wahr ist. Für Paulus war die Lösung des Zwiespalts jedenfalls nur ein paar Sätze weit entfernt, wenn er von der Erlösung aus dieser Situation durch Jesus Christus spricht:

Wer wird mich erlösen von diesem todverfallenen Leibe? Dank sei Gott durch Jesus Christus, unsern Herrn!«
Römerbrief 7, 24

Beim Thema Erlösung wird im Neuen Testament dann wieder stark die Freiheit der Entscheidung betont. Das

Augustinus

stand für Martin Luther Pate, die beide in ihrer Theologie über Paulus hinaus gehen, indem sie nicht nur den freien Willen zur Ohnmacht verurteilten, sondern auch noch den Willen zum Wollen des Bösen verkehrten.

Davon ist bei Paulus allerdings nicht die Rede. Hier spielt bei Luther eine extrem pessimistische Sicht vom Menschen eine Rolle, die auch auf den Kirchenvater Augustinus zurückgeht.

Der Wille ist für Augustinus faktisch immer nur in der Form des Strebens nach etwas erfahrbar. Er ist nie autonom, sondern immer schon innerlich in vielfältiger Weise bestimmt und geprägt. Wenn der freie Wille sich von Gott abwendet, verfällt er der Begierde und verliert seine Freiheit.

Diese Erfahrung sollten wir den Theologen nicht absprechen. Auch wir kennen in unserer heutigen Zeit die Verdrehung des Willens in Widergöttliches, ja Antigöttliches.

Es gibt auf der anderen Seite auch keinen Grund, diese negative Sicht zu verabsolutieren. Das Leben ist so vielfältig, dass es nicht nur immer einem Prinzip entspricht.

Evangelium wird nach biblischer Sicht verkündigt, damit Menschen die Einladung annehmen und sich mit Gott versöhnen lassen (2. Korintherbrief 5,20). Damit wird der Mensch aufgefordert, sich zu entscheiden. [1] Der Aufruf zum Glauben setzt den Menschen in eine aktive Bewegung auf Gott hin. Er kann sich diesem Aufruf aber auch verweigern. Das bedeutet im Prinzip eine freie Entscheidung.

Frei und unfrei zugleich

Weil die Theologen diesen Widerspruch von unfreiem Willen und freier Entscheidung zumeist aber nicht gelöst kriegen, haben sie verschiedene Konstruktionen entwickelt, die von der Vorherbestimmung bis zur Mitwirkung am Heil reichen. Als problematisch empfinde ich, dass diese Konstrukte auf dem deduktiven Denken beruhen und künstlich geschaffen sind.

Es wäre vielleicht viel besser, die unterschiedlichen Wege als komplementär stehen zu lassen. Das Leben ist so vielfältig, dass es in dem dynamischen Ineinander und Miteinander vom Geist Gottes und dem Geist des Menschen niemals nur stereotype Verhaltensweisen gibt. Unterschiedliche Wege schließen sich nicht aus, sondern ergänzen einander.

Nur wer meint, der Geist eines jeden Menschen sei immer gleich frei oder unfrei, ist in einem Schema gefangen. Und nur wer denkt, der Geist Gottes müsse sich immer und in alle Ewigkeit nach einem gleichen Muster verhalten, erhält ein logisches Problem.

1 Vgl. Ulrich Eibach, Gott im Gehirn? Ich - eine Illusion? SCM-Verlag 2. Auflage 2008, Kapitel 6 c.

Kapitel 6

Gottes vergessene Sprache

Träume

Immer wieder berichten religiöse Menschen, dass Gott zu ihnen spricht. Schon im Alten Testament der Bibel ist dies der Fall. Wie selbstverständlich tritt Gott in einen Dialog mit Menschen, sei es mit Adam, Noah oder Abraham.

In der Josefsgeschichte spricht Gott niemals direkt zu Josef, er offenbart sich ihm vielmehr im Traum.

John A. Sandford,

ein Schüler von C.G.Jung, nannte die Träume *Gottes vergessene Sprache.*

Vergessen, weil der religiöse Aspekt in der psychologischen Traumdeutung kaum eine Rolle gespielt hat. In der Bibel begegnen uns jedoch viele Menschen, zu denen Gott in bevorzugter Weise durch Träume gesprochen hat. [2]

Vielleicht neigen auch religiöse Menschen heutzutage dazu, das Reden Gottes im Traum zu unterschätzen, da diesem Reden ja die heute so populäre *Objektivität* fehlt und die Deutung von Träumen immer schwierig ist.

Der traumvergessende Christ wird sich allerdings aufgrund der Bibel die Frage stellen: Wieso konnten die Menschen der Bibel Gott in ihren Träumen hören — und ich kann es nicht?

Christen fragen [1] in diesem Zusammenhang vor allem immer wieder danach, ob es möglich ist, dass Gott selbst zu uns im Traum spricht, wie es uns die Bibel immer wieder beschreibt.

Gottes Reden im Traum wird in der Apostelgeschichte mit dem Geist Gottes in Verbindung gebracht:

Ich werde von meinem Geist ausgießen über alles Fleisch. Eure Söhne und eure Töchter werden Propheten sein, eure jungen Männer werden Visionen haben, und eure Alten werden Träume haben (Apg 2,17 = Joel 3,1f).

1 Anselm Grün, Vom spirituellen Umgang mit Träumen. 1.Einleitung, Freiburg 2014.
2. John. A. Sanford, Gottes vergessene Sprache, Zürich 1966.

Träume und Visionen spielen sich im Bewusstsein der Menschen ab, das als eine Einfallstür für eine Informationsübertragung aus einer höheren Dimension, des göttlichen Bewusstseins, verstanden wird.

Phänomen Schlaf

Der Schlaf ist bis heute ein Geheimnis.

Die Meinung, der Körper brauche Ruhe und deshalb schlafe der Mensch, trifft auf das Gehirn nicht zu. Unser Gehirn scheint niemals zu ruhen. Während der Schlafphasen bleibt die elektrische Hirnaktivität erhalten, allerdings auf andere Weise als im Wachzustand.

Es ist bis heute nicht einmal eindeutig geklärt, warum Lebewesen überhaupt schlafen müssen. Vielleicht weil nur im Schlaf das Wachstumshormon STH (Somatotrope Hormon) ausgeschüttet wird, das für das allgemeine Wachstum und die Regeneration verantwortlich ist. Zusätzlich werden Interleukine freigesetzt, die für die Immunreaktion von großer Bedeutung sind. Aus diesem Grund hängt der Verlauf mancher Heilung davon ab, ob genügend geschlafen wurde. Zudem wird in der zweiten Hälfte der Schlafenszeit auch das wichtige Stresshormon Cortisol ausgeschüttet.

Gottes Frequenzen

Die religiöse Bedeutsamkeit von Träumen ist Grund genug, sich auch aus theologischer Sicht mit dem Phänomen des Schlafs zu befassen. Wir wissen heute, dass der Schlaf neurophysiologisch gesteuert ist. Tiefschlafphasen wechseln sich mit weniger tiefen Schlafphasen ab. Während des Schlafes beginnen sich Nervenzellverbände zu synchronisieren.

> Die elektrischen Ströme des Gehirns unterscheiden sich in ihrer Frequenz und Stärke.

Mittels einer Elektroenzephalografie (EEG) kann der Schlafrhythmus gemessen werden, wobei die übliche Einteilung in die Schlafstadien I-IV willkürlich ist. In den unterschiedlichen Phasen des Schlafs verändern sich Frequenz und Stärke der Gehirnströme. In den verschiedenen Wach- und Schlafphasen finden sich Gehirnströme folgender Frequenzen:

Als Beta-Welle wird ein Signal im Frequenzbereich zwischen 13 und 30Hz bezeichnet. Beta-Wellen treten im wachen Zustand auf. Aufmerksamkeit und Konzentration sind normal. Im hohen Bereich der Beta-Wellen bis 38Hz finden sich Hektik, Stress und Angst wieder. Bei starker Konzentration oder bei Lernprozessen lassen sich Gamma-Wellen von 38–70Hz registrieren. Im niedrigen Bereich der Beta-Wellen ist die Aufmerksamkeit entspannt. Es wird vermutet, dass im mittleren Beta-Bereich eine gute Intelligenzleistung, im hohen Beta-Bereich eine sprunghafte Gedankenführung und im Gamma-Bereich eine neuronale Reorganisation die Folge sind.

Ein verstärkter Anteil von Alpha-Wellen im Frequenzbereich zwischen 8 und 13 Hz wird mit entspannter Wachheit assoziiert. Sie treten hauptsächlich bei geschlossenen Augen auf und werden mit dem Öffnen der Augen durch Beta-Wellen ersetzt. Möglicherweise führen diese Gehirnströme zu einer erhöhten Erinnerungs- und Lernfähigkeit.

Theta-Wellen

Bei Schläfrigkeit und in den leichten Schlafphasen treten Theta-Wellen im Frequenzbereich zwischen 4 und 8 Hz auf. Hohe Theta-Wellen sind bei tiefer Entspannung, Hypnose und Klarträumen vorherrschend, niedrige Thetawellen beim Einschlafen, auch bei Hypnose und Klarträumen.

Der Zustand der Schläfrigkeit und des leichten Schlafes ist für unser Thema von besonderem Interesse. Viele für das Übernatürliche empfängliche Menschen nennen diesen Zustand, bei dem Theta-Wellen vorherrschend sind, einen optimalen Zugang zu den als parapsychologisch einzustufenden Wissenssphären. Dazu gehören auch vorhersehende oder hellsichtige Fähigkeiten.

Schumann-Resonanz

Nach Winfried Otto Schumann (1888–1974) bezeichnet man das Phänomen, dass elektromagnetische Wellen einer bestimmten Frequenz mit dem Umfang der Erde stehende Wellen bilden.

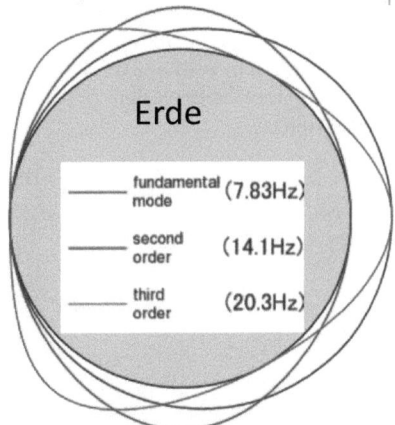

Es ergibt sich eine Resonanzfrequenz von durchschnittlich etwa 7,8Hz, die z.B. durch die Jahreszeiten leicht schwankt. Wellen, die sich nach einer Erdumrundung wieder in der gleichen Phase befinden (oder in einem ganzzahligen Vielfachen der Wellenlänge) werden verstärkt, andere löschen sich aus.

Die Energie für die niederfrequente Anregung stammt aus der weltweiten Gewittertätigkeit. Genau diese Frequenz tritt auch an der Grenze zwischen Entspannungs- und Einschlafphase auf.

Flugträume

In Flugträumen kann das Traum-Ich ohne entsprechende Hilfsmittel fliegen oder auch schweben.

Flugträume sind ein weit verbreitetes Phänomen. Sie gelten als Vorstufen von Klarträumen und außerkörperlichen Erfahrungen. Die bevorzugte Fortbewegungsart ist in beiden Zuständen das Fliegen oder Schweben.

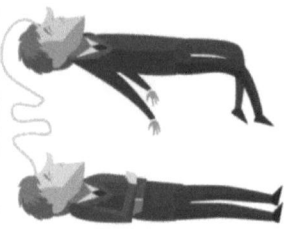

fotolia

Aus einem luziden Traum heraus kann eine außerkörperliche Erfahrung eingeleitet werden. Der Betroffene nimmt sich als außerhalb seines physischen Körpers wahr.

Ein Informationsaustausch ist jedoch nur unter Resonanzbedingungen und durch eine Kohärenz der Informationsnachhaltigkeit gegeben. Sender und Empfänger müssten sich während der Übermittlung auf gleicher Wellenlänge befinden. Stehende Wellen, die die Erde umspannend wirken, könnten die Voraussetzung dafür sein. Aber ein Nachweis ist für diese Theorie bisher noch nicht erfolgt.

Im Tiefschlaf machen Delta-Wellen mehr als die Hälfte der gemessenen Gehirnwellen aus. Sie sind mit einer Frequenz von 0,5-4Hz die langsamsten Gehirnwellen, haben aber die größte Amplitude. Delta-Wellen sind typisch für die meist traumlose Tiefschlafphase. Aus dem Tiefschlaf heraus tritt das Ereignis des Schlafwandelns auf, das also nichts mit Träumen zu tun hat. Die meisten Schlafwandler-Episoden dauern nur Sekunden bis wenige Minuten. Der Betroffene kann sich hinterher an nichts erinnern.

Als REM-Schlaf wird eine Phase bezeichnet, die unter anderem durch schnelle Augenbewegungen (Rapid Eye Movement) gekennzeichnet ist. Wichtig ist für unser Interesse das Aktivationsmuster im EEG: Theta-Wellen mit einer Frequenz von 4–8Hz, langsame Alpha-Wellen und eine rege Beta-Aktivität, die eigentlich nur im Wachzustand zu finden ist. Die meisten Träume finden in dieser Phase statt.

1 Reinhard Breuer (Hrsg.), Zwischen Schlafen und Wachen, in: Gehirn &Geist. Spektrum der Wissenschaft, Heidelberg November 2009, S.11.

Visionen

Phänomenologisch ist eine *Vision* einer optischen *Halluzination* sehr nahe. Beides wird nur von einer Person erlebt, während eine andere Person, die in diesem Augenblick anwesend ist, die Wahrnehmungen nicht bestätigen kann.

Echte Visionen haben den Charakter der direkten schöpferischen Umwandlung des Bewusstseins und der Erkenntnis, ja der Persönlichkeitsstruktur des Empfängers der Vision, ganz zu schweigen von der schöpferischen Umwandlung ihrer Umwelt. [1]

Gott kommuniziert mit den Menschen, von denen die Bibel berichtet, vornehmlich auf der Ebene von Träumen und Visionen. Das heißt, er begibt sich auf eine höchst subjektive Ebene, er wählt sich das Bewusstsein bzw. das Unterbewusstsein aus. Anselm Grün geht davon aus:

Das Unbewusste ist nicht die Domäne der Psychologie, sondern auch ein Bereich, in dem Gott wirkt und in dem wir ihn manchmal leichter nehmen können als in unsrer bewussten Welt, die von uns selbst beherrscht wird. [2]

Eine visionäre Erfahrung kann von Außenstehenden niemals angemessen beurteilt werden. Kirchliche Gemeinschaften haben immer verlangt, dass der Visionär für eine kritische Beurteilung offen ist. So wird zum Beispiel gefragt, ob die Vision den Betroffenen sittlich und religiös fördert. Visionen, die blinden Gehorsam verlangen, wurde mit Misstrauen begegnet. [3]

Klarträume

Ein Klartraum (luzider Traum) ist ein Traum, in dem der Träumer sich bewusst ist, dass er träumt. Dieses Phänomen gezielt herbeigeführt.

Klarträume dürften den meisten Menschen bekannt sein, denn fast jeder Mensch erlebt im Verlauf seines Lebens einen oder mehrere Klarträume.

Dieser Traum wurde überwiegend in der REM-Phase des Schlafs beobachtet. In einer Versuchsreihe konnte in einem Schlaflabor bei luziden Traumepisoden eine veränderte Aktivität des präfrontalen Cortex (vorderer Anteil der Stirnhirnrinde) festgestellt werden, der während des Schlafs normalerweise ruht. [1]

Bei Klarträumen erhält das Gehirn den Realitätssinn aufrecht, indem es gleichzeitig in zwei Bewusstseinsmodi arbeitet.

Klarträume im eigentlichen Sinne sind nur in einem Zwischenzustand zwischen Traum und Wachbewusstsein möglich.

Dieser Zustand entsteht entweder zufällig, oder er wird bewusst herbeigeführt.

1 Tanja Scagnetti-Feurer, Religiöse Visionen, Würzburg 2004, S.31.
2 Anselm Grün, Vom spirituellen Umgang mit Träumen. 1.Einleitung, Freiburg 2014.
3 Tanja Scagnetti-Feurer, Religiöse Visionen, Würzburg 2004, S.108.

Eine Differenzierung von Pathologie und Nicht-Pathologie übersteigt allerdings den Rahmen dieses Buches. Im Unterschied zur Halluzination ist der visionäre Zustand jedenfalls nur ein vorübergehender. Der Visionär ist vor und nach der Vision absolut normal, und kein psychiotischer Patient.

Bei Visionen gibt es einen klaren Sinnzusammenhang des Geschauten. Dieser Zusammenhang und dessen Reflexion führt im Leben des Visionärs zu tiefer Ergriffenheit oder Betroffenheit.

> Auch gottgewirkten Visionen liegen immer psychische Mechanismen zugrunde.

Kapitel 7

Inspiriert vom Heiligen

Prognosen

Nach den Prognosen *The Future of World Religions: Population Groth Projektions 2010-2050* hat die Religion Zukunft.

Nach der Hochrechnung gibt es im Jahr 2050 2,92 Milliarden Christen, 2,76 MilliardenMoslems - der Islam ist die Religion mit dem schnellsten Wachstum in der Welt - 1,38 Milliarden Hindus und 490 Millionen Buddhisten. Die Zahl der Juden bleibt mit 20 Millionen sehr gering. Die Zahl der Religionslosen geht mit 1,23 Milliarden prozentual auf 10 % der Menschheit zurück.

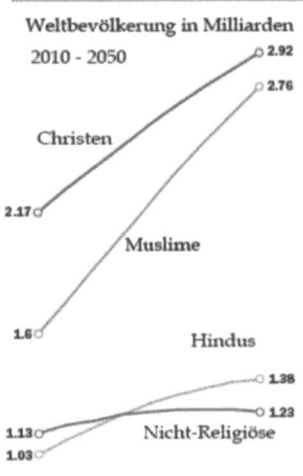

Weltbevölkerung in Milliarden
2010 - 2050

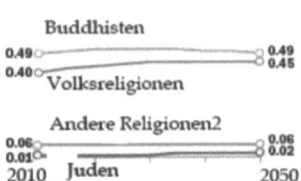

Die Zukunft der Religionen

Obwohl in Deutschland viele Menschen den Kirchen den Rücken kehren, erlebt die Welt eine regelrechte Wiederkehr des Christentums und des Religiösen überhaupt.

Damit erweist sich die Theorie zur Säkularisierung (Verweltlichung), die davon ausgeht, dass es zu einem Bedeutungsverlust der Religionen kommt, als ein Phänomen für Europa und die USA. Es mag stimmen, dass die Menschen in diesen Ländern in den nächsten Jahren etwas weniger religiös sein werden. Aber da die Bevölkerung des Westens insgesamt schrumpft, wird auch die Säkularisierung nicht so gewichtig ausfallen. Der Rest der Welt ist auf einem anderen Weg.

Aber auch in Deutschland ist der Glaube nicht abgeschrieben, auch wenn die kirchliche Bindung zurückgeht. *Wunder haben nichts mit Kirche zu tun,* stellt der Politologe Claus Leggewie klar, *aber viel mit Spiritualität und Alltagsgläubigkeit. Das nimmt womöglich noch zu.* [1]

Doch lässt sich unter dem Begriff *Religion* wirklich das alles zusammenfassen, was sich dahinter verbirgt?

Da gab es den Glauben der alten Hochkulturen Mesopotamien, Ägypten, Indogermanien und Indien, Zaratustra, die Griechen und die Römer, die Kelten und Germanen - sie alle beschrieben die Geschichten ihrer Götter. Die Azteken hatten eine Religion, ebenso auch die Chinesen und viele andere. Heute können wir die fünf Weltreligionen grob unterscheiden: Judentum, Christentum, Islam, Buddhismus und Hinduismus.

1 WAZ Online 17.3.2009 http://www.derwesten.de/kultur/der-wunderglaube-stirbt-nicht-aus-id631543.html#plx1624005826

Fast im Widerspruch zur religiösen Vielfalt scheint die Formel zu stehen, auf die sich viele unserer Zeitgenossen in der westlichen Welt geeinigt haben: *Es gibt nur einen Gott.*

fotolia

Was ist damit gemeint? Es gibt definitiv sehr viele Gottesvorstellungen, nicht bloß eine. Können diese auf einen gemeinsamen Nenner gebracht werden?

Atheismus ist nicht gleich Atheismus - und Religion ist nicht gleich Religion. Die monotheistischen Religionen unterscheiden sich von den polytheistischen, die unzählig viele Götter kennen. Der Hinduismus teilt zwar vieles mit dem Buddhismus, nicht aber die Gottesvorstellung, auf die der Buddhismus vollständig verzichtet und dafür die Geister Asuras und Devas in die himmlische Welt eingeführt hat. Der östliche Glaube an die Reinkarnation mit dem Kreislauf der Wiederkehr ist nur schwer mit der westlichen Evolutionstheorie vereinbar, der ein lineares, zielgerichtetes Weltbild zugrunde liegt.

Aber auch innerhalb der monotheistischen Religionen werden unter den Namen Jawhe, Elohim, Allah und dem dreieinigen Gott höchst unterschiedliche Gottesvorstellungen beschrieben. Außerdem ist der Begriff *Monotheismus* nicht zu eng zu fassen, da nicht nur die Personen der christlichen Trinität, sondern auch die zahlreichen Wesen im Islam von Shaitanen, Engeln und Dschinn ihren Platz in der himmlischen Welt finden müssen.

Wer sagt, dass wir *alle an den einen Gott* glauben, müsste hinzufügen, dass dieser Gott allerdings bisher nicht definiert ist und seine Anhänger noch finden muss. Eine *Götterharmonie* ist derzeit noch ein abstrakter Entwurf.

Die Religionen

weisen Gemeinsamkeiten und Unterschiede auf.

Wenn Unterschiede einfach nivelliert werden, wie es heute vielfach geschieht, entsteht keine Harmonie der Religionen, sondern eher eine Art neuer Religion, eine Religionsvermischung (Synkretismus), die sich wieder von den ursprünglichen Religionen unterscheidet.

Das Christentum trat in eine religiös besetzte Welt ein. Es veränderte die religiöse Landschaft im damaligen Römischen Reich durch erstaunliche Erfolge in der Mission.

Ebenso trat der Islam in eine bereits religiös geprägte Welt ein - und änderte die religiöse Landkarte rapide.

Die östlichen Religionen erfreuen sich im Westen immer größerer Beliebtheit.

Die jüdische Bibel

Als erste Schriftensammlung der jüdischen Bibel wurde die hebräische Tora abgeschlossen (die fünf Bücher Mose).

Es folgte eine Sammlung prophetischer Schriften (Nebiim) – dazu gehört auch ein Teil der später so genannten Geschichtsbücher – Josua, Richter, Samuelbuch, Königsbuch, Jesaja, Jeremia, Ezechiel, Zwölfprophetenbuch, danach die Schriften (Ketubim), die sehr unterschiedliche Bücher enthalten wie Psalmen, Ijob, Sprichwörter, Rut, Hoheslied, Kohelet, Klagelieder Jeremias, Ester, Daniel, Esra und Nehemia (als ein Buch), Chronik.

Die Alte Kirche übernahm alle Schriften des jüdischen Tanach und stellte sie dem Neuen Testament voran.

Die Römisch-katholische Kirche übernahm zudem weitere Bücher aus der griechischen Übersetzung der jüdischen Schriften, der Septuaginta (Judith, Tobit, Baruch, Jesus Sirach, Buch der Weisheit, 1. Makkabäer, 2. Makkabäer, Zusätze zum Buch Daniel und Ester).

Die Ostkirche nahm noch 3. Esra, 3. Makkabäer und den 151. Psalm, und z.T. 4. Makkabäer und 4. Esra auf.

Und der Gedanke, das *hinter* allen Religionen ein einziger Gott stehe, impliziert ebenfalls den Gedanken einer Götterharmonie, die allerdings den Hauptakteuren, den Religionen, scheinbar noch nicht bekannt ist. Entweder ist dieser Gott dann völlig undefiniert - oder die Religionen müssen ihre Unterschiede schnellstens harmonisieren.

Heilige Schriften

In einigen Religionen spielen Schriften eine Rolle, die als heilig angesehen werden. Beim Judentum, Christentum und Islam, den abrahamitischen Religionen, spricht man auch von *Buchreligionen*. Sie waren in der Vergangenheit den Religionen ohne Büchern (römische, germanische und ethnische Religionen) klar im Vorteil, wenn es darum ging, Botschaften von Gott oder Gesetzestexte zu vermitteln und zu adaptieren.

Und doch ist der Begriff *Buchreligionen* für das Judentum und das Christentum auch irreführend. Schon für

fotolia

94

die Juden war das Entscheidende, dass ihr Gott sich in der Geschichte mit dem Volk Israel offenbart hatte.

Auch für die Christen, für die das Neue Testament die Basis ihrer christlichen Lehre darstellt, ist die Bibel nur ein *Zeugnis* von dem Wort Gottes. In erster Linie ist das Wort hier kein Buch, sondern eine Person, und zwar die zentrale: *Jesus Christus*.

Die *christliche Bibel*, bestehend aus der jüdischen Bibel (Altes Testament) und dem Neuen Testament, gilt im Christentum als wichtigste Grundlage der Lehre. Im Laufe der Geschichte traten die Dogmen (Lehrsätze) hinzu, die durch eine lehramtliche Autorität der Kirche formuliert wurden. In der Regel waren sie Versuche, strittige Situationen in Glaubensfragen zu klären.

fotolia

Der Koran

Eine besondere Stellung nimmt der *Koran* ein, der die wörtliche Offenbarung Allahs an den Propheten Mohammed darstellt, vermittelt durch den Erzengel Gabriel. Nach der Überlieferung hat Mohammed die himmlischen Worte zwischen 610 und 632 nach Christus empfangen. An vielen Stellen bezieht sich der Koran auf die Bibel und erwähnt viele biblische Personen. Er nennt sogar Jesus das fleischgewordene Wort Gottes (Sure 3,46).

Neues Testament

Irenäus (ca. 180 n. Chr.) erachtet die vier Evangelien, die Apostelgeschichte, die Briefe des Paulus (inkl. Philemon?), 1. Petrus, 1. und 2. Johannes und das Buch der Offenbarung als kanonisch. Tertullian (ca. 200 n. Chr.) kennt die vier Evangelien, die Apostelgeschichte, 13 Briefe von Paulus, 1. Petrus und 1. Johannes, sowie Judas und das Buch der Offenbarung. Interessant ist aus dieser Zeit der Kanon Muratori, eine Liste der neutestamentlichen Bücher aus Rom (Ende 2. Jhdt, benannt nach dem Antiquitätenhändler, der ihn 1740 entdeckte). Er enthält die vier Evangelien, die Apostelgeschichte, 13 Briefe von Paulus, Judas, zwei Briefe von Johannes und das Buch der Offenbarung. Es fehlen der Hebräerbrief und 1. Petrus.

Die älteste bekannte, komplette Liste der 27 neutestamentlichen Bücher stammt von Athanasius, Bischof von Alexandrien, er stellt sie in seinem Osterbrief des Jahres 367 vor. Kurz darauf sehen wir, wie im Westen durch Hieronymus und Augustinus (ca. 400) dasselbe geschieht und wie der Kanon auf den Konzilien von Hippo (393) und Karthago (397 und 419) offiziell bestätigt wird.

Im strengen Sinne des Wortes ist allein der Islam eine Schriftreligion, denn Mohammed erhob schon zu Lebzeiten den Koran in den Rang einer Offenbarung. Eine besondere Brisanz ergibt sich bis heute aus dem Anspruch des Korans, die maßgebliche Korrektur der Bibel zu sein.

Koran vs. Bibel

Viele Berichte sind im Koran gegenüber der Bibel in wesentlichen Teilen verändert. Mohammed hatte wohl keine Übersetzung des Alten Testaments vorliegen und kannte viele biblische Geschichten nur vom Hörensagen.

Das ist aus Sicht der historischen Wissenschaften eine gewagte Behauptung. Denn man ist sich in der Forschung einig, dass immer diejenige Quelle Vorrang hat, die möglichst nahe am historischen Geschehen ist. Wer 600 Jahre nach den Ereignissen des Neuen Testaments die ursprünglichen Texte korrigieren will, aber keine Quellen zur Verfügung hat, kann dies nur mit einem besonderen Anspruch tun: durch eine *Offenbarung*.

So behauptet der Koran folgerichtig, allein durch göttliche Offenbarungen sei Mohammed zu der Erkenntnis gelangt, dass die Bibel der Juden und Christen nicht dem entspricht, was Gott ursprünglich geoffenbart hat, sondern Verfälschungen unterlegen war.

Neben dem Koran gilt im Islam auch die *Sunna*. Was weder im Koran noch in der Sunna festgelegt ist, wird von der *Übereinstimmung* und den *Ableitungen* der Gelehrten geregelt. Aus diesen Quellen speist sich das islamische Gesetz (Scharia).

Der Osten denkt anders

Die östlichen Religionen eröffnen uns eine ganz andere Welt als die, die wir kennen. Der Hinduismus stellt heute mit einer Milliarde Anhängern die drittgrößte Religion der Erde dar und besteht genau genommen aus verschiedenen Religionen. Man unterscheidet die vedische, dörflich-volksreligiöse und sektarische Richtung.

Schriften liegen im Hinduismus in einer großen Vielfalt vor. Sie werden nach den religionsgeschichtlichen Epochen eingeteilt. Für gläubige Hindus gibt es zwei Stufen heiliger Autorität: die Shruti, das heißt von den Sehern der vedischen Periode (ca. 4500– 2500 v. Chr.) innerlich gehörten Schriften, und die Smriti, das sind später aufgezeichnete oder erinnerte Schriften.

Die Buddhisten berufen sich auf die Lehren des Siddhartha Gautama, der im 6. und möglicherweise noch im frühen 5. Jahrhundert v. Chr. in Nordindien lebte. Er wird als der *historische Buddha* bezeichnet.

Der Buddha selbst sah sich weder als Gott noch als Überbringer der Lehre eines Gottes. Er stellte klar, dass er seine Lehre nicht aufgrund göttlicher Offenbarung erhalten hatte. Sein Verständnis der Natur des eigenen Geistes und der Natur aller Dinge gewann er vielmehr durch eigene meditative Schau (Kontemplation).

Samsara

wörtlich: *beständiges Wandern* ist die Bezeichnung für den immerwährenden Kreislauf von Werden und Vergehen oder den Kreislauf der Wiedergeburten in den indischen Religionen.

Der Schatten ist das Symbol für das Karma, eine Lehre, nach der jede physische oder geistige Handlung unweigerlich eine Folge hat. Diese muss nicht unbedingt im gegenwärtigen Leben wirksam werden, sondern sie kann sich möglicherweise erst in einem zukünftigen Leben manifestieren.

Das Ursache-Wirkungs-Prinzip erstreckt sich also über mehrere Lebensspannen hinweg. Karma entsteht demnach durch eine Gesetzmäßigkeit und nicht aufgrund einer Beurteilung durch einen Weltenrichter oder Gott.

Letztes Ziel ist es, überhaupt kein Karma mehr zu erzeugen.

Der *christliche Glaube* an die Auferstehung der Toten und die Vorstellung von wiederholten Leben, von Karma und Reinkarnation lassen sich miteinander nicht in Einklang bringen. Nur zum Tun-Ergehen-Zusammenhang kann eine Diskussion mit der biblischen Tradition stattfinden.

Inspiration

Nach dieser kurzen Übersicht über Weltreligionen, die den Anspruch erheben, heilige Schriften zu besitzen, wollen wir die Frage stellen, wie mit diesem Anspruch umgegangen werden soll. Können wir nachprüfen, ob einige dieser Schriften tatsächlich einen heiligen Charakter besitzen? Und was bedeuten diese Schriften für uns?

Texte, die mit dem Anspruch versehen sind, göttliche Schriften zu sein, nennen wir inspirierte Texte. Unter *Inspiration* versteht man ja allgemein eine Eingebung. Hinter dem Geist des menschlichen Autors, der die Texte formuliert und aufgeschrieben hat, soll ein anderer, ein höherer Geist stehen, der den Schreiber dazu inspiriert hat, eine Botschaft zu verfassen. Dieser fremde Geist soll beim Zustandekommen und beim Tradieren der Worte mit am Werk sein.

Wenn in der christlichen Theologie von Inspiration gesprochen wird, dann zumeist davon, dass die Bibel in besonderer Weise von Gottes Geist eingegeben ist. Deswegen wird die Bibel auch *Wort Gottes* genannt, neben dem als Wort bezeichneten Jesus Christus. Aber was bedeutet dies?

In der Folge der Aufklärung rückte die liberale Theologie seit der Mitte des 19. Jahrhunderts von der Vorstellung ab, die Worte der Bibel seien inspiriert (*Verbalinspiration*). Einige liberale Theologen äußerten die Meinung, dass nur die Sachverhalte (zum Beispiel eine Gotteserfahrung oder eine Prophetie) inspiriert waren, und diese dann in menschliche Worte gefasst wurden (*Realinspiration*).

Innere Klarheit

Für den Reformator Martin Luther, einen der bedeutendsten Ausleger der Heiligen Schrift aller Zeiten, stand fest:

Die Bibel als Wort Gottes hat eine eigene Klarheit, die sich jedem erschließt, der mit aufrichtigem Herzen nach der Wahrheit des Evangeliums sucht. Die Heilige Schrift legt sich selbst aus, weil sie durch Gottes Geist erschlossen wird. Darin zeigt sich auch ihre Inspiration und ihre Offenbarungstätigkeit.

Angemessen auslegen und verstehen kann man die Heilige Schrift nur, wenn man sich *ihren Worten* (äußere Klarheit) stellt und von *ihrer Sache* (innere Klarheit) ergriffen ist.

In Gebet (oratio), Schriftbetrachtung (meditatio) und in der Anfechtung (tentatio) lernt man ihre Wahrheit kennen und bezeugen

Verbalinspiration

Für den reformierten Theologen Karl Barth (1886-1968) waren auch die Worte selbst inspiriert, er hält an dem Begriff der Verbalinspiration fest:

Gehören die Zeugen der Offenbarung in ihrer konkreten Existenz und also auch in ihrem konkreten Reden und Schreiben selber mit zur Offenbarung, haben sie durch den Geist geredet, was sie durch den Geist erkannt haben, haben wir sie wirklich zu hören und also ihre Worte zu hören – dann ist nicht abzusehen, inwiefern wir nicht in der Tat alle ihre Worte mit dem gleichen Respekt zu hören haben sollten. Es wäre dann willkürlich, ihre Inspiration nur auf diese und jene uns vielleicht wichtig erscheinenden Bestandteile ihres Zeugnisses oder wohl gar überhaupt nicht auf ihre Worte als solche, sondern nur auf die sie dabei bewegenden Meinungen und Gedanken zu beziehen.
Ist die Inspiration nur eingeordnet in jenen Kreislauf von Gottes Offenbarwerden durch den Geist bis zu unserem eigenen Erleuchtetwerden durch denselben Geist, dann mag und dann muss die zwischen dort und hier, zwischen Gott und uns vermittelnde Inspiration der biblischen Zeugen sehr bestimmt als Realinspiration nicht nur, sondern wirklich als Verbalinspiration verstanden werden. [1]

Für den evangelischen Theologen Friedrich Schleiermacher (1768–1834) waren die Apostel als ursprüngliche Nachfolger Christi in besonderer Weise vom dem Heiligen Geist erfüllt, der von Christus ausging.

fotolia

Insofern waren sie als Personen inspiriert. Dieses Verständnis wurde als *Personalinspiration* bezeichnet.

Auch für gläubige Christen ist es eine Tatsache, dass das Geheimnis der Inspiration mit den Methoden der klassischen Naturwissenschaften nicht bewiesen werden kann. Freilich gingen alle Versuche bisher von der Prämisse aus, das Göttliche sei im *Übernatürlichen* zu suchen, also in dem, was mit wissenschaftlichen Methoden eben nicht erklärbar sei.

Den Ansatz, Gott in dem zu suchen, was nicht erklärbar sei, habe ich eingangs bereits als fatalen Irrtum in der Geschichte der Menschheit auf der Suche nach Gott herausgestellt. Gott wurde so zum Lückenbüßer, der in den Nischen hauste, die von der Wissenschaft noch nicht erforscht waren. Mit jedem Fortschritt der Wissenschaft musste Gott ein Stück seines Terrains preisgeben.

Ein vielversprechenderer Ansatz besteht meiner Meinung nach darin, das Göttliche auch in allem zu suchen, was prinzipiell erklärbar ist. Denn Gott ist als Schöpfer

1 Karl Barth, Kirchliche Dogmatik, S. 574f.

der Welt auch ein Teil seiner Welt. In jedem Fall betritt Gott, wenn er mit dem Weltgeschehen interagiert, zwangsläufig naturwissenschaftliches Terrain.

Deshalb können wir unseren Blick bei der Frage nach einer möglichen Inspiration von heiligen Texten auch zunächst auf das richten, was uns hier und heute zugänglich ist: das menschliche Bewusstsein. Ganz konkret heißt das: *unser* Bewusstsein.

> Gemäß der Quantenphysik
> sind wir bei der Inspiration
> immer selbst am Prozess beteiligt.

Inspirierte Leser

Auch in der neuesten Bibelauslegung (Exegese) gewinnt der Gedanke immer mehr an Raum, dass der Leser der Bibel selbst ein Teil des Inspirationsgeschehens ist.

Die moderne literarische Hermeneutik der Rezeptionsästhetik beschäftigt sich mit der Frage, ob die Wahrnehmung im Text angelegt ist oder erst im Prozess der Rezeption entsteht. [1]

Es erinnert an das Weltbild der Quantenphysik: Der Leser eines Textes spielt selbst eine aktive Rolle beim Zustandekommen eines Textsinns. Im Akt des Lesens erzeugen Texte Bedeutungen, die zuerst durch ihre Leser realisiert werden. Der Leser gehört konstitutiv zum Inspirationsgeschehen dazu.

1 Ulrich H.J. Körtner, Der inspirierte Leser. Zentral Aspekte biblischer Hermeneutik, Göttingen 1994, S. 89 und 110.

Schon Paul Tillich hat in seiner Christologie darauf hin-
gewiesen, dass die aufnehmende Seite des christlichen
Ereignisses genauso wichtig sei wie die faktische Seite.
Was für den Glauben der Christen gilt, gilt auch für das
Neue Testament.

So ist auch der heutige Leser ein integrierender Be-
standteil der Schrift selbst.

Kapitel 8

Der Mann, der in kein Schema passt

Jesus in den Religionen

fotolia

Für manchen Leser mag es eine Überraschung sein, zu erfahren, dass die Person *Jesus Christus* in allen großen Weltreligionen eine Rolle spielt. In unserem Kulturkreis glaubt man sehr schnell, Jesus sei bloß eine Person mit hohem Ansehen in der Welt des Christentums. Aber schon durch persönliche Begegnungen und Gespräche mit Muslimen kann man sehr schnell eines Besseren belehrt werden. Es stimmt: das Christentum misst Jesus Christus eine Bedeutung zu, die ihm so in anderen Religionen nicht zukommen. Aber allein die Rezeption seiner Person durch die Weltreligionen zeigt, dass sein Wirken und seine Lehre eine sehr universale Bedeutung entfalten können.

Jesus war Jude

Die ersten Christen waren *Juden,* die an Jesus Christus glaubten. Sie sahen in ihm den verheißenen Messias (in der griechischen Übersetzung *christos,* in der lateinischen *christus*), auf dessen Kommen orthodoxe Juden, die in Jesus nicht den Messias sehen, bis heute warten.

Israels Propheten kündigten diese Rettergestalt an, dessen Kommen eine radikale Wende bringen würde. Jedoch wurden irdisch-königliche Erwartungen von Jesus abgewiesen. Sein Reich sei nicht von dieser Welt.

Der Messias

war zu Lebzeiten Jesu nur in einem Teil der jüdischen Erwartung lebendig.

Spätestens seit den Erfolgen der makkabäischen Bewegung war die Hoffnung auf eine Wiederherstellung des Königreiches wiederbelebt. Dies verstärkte sich seit dem Beginn der römischen Besetzung Palästinas 63 v. Chr., so dass in den späteren apokalyptischen Schriften der Messias, der Davidssohn, im Vordergrund steht (vgl 4. Buch Esra; syrischer Baruch).

Die Gemeinde von Qumran (Essener) erwartete neben dem Nachkommen Davids einen eschatologischen Hohenpriester aus dem Stamme Aarons sowie einen endzeitlichen Propheten.

Die Schriften der Essener aus Qumran zeigen deutlich, wie sehr Jesus den Erwartungen der frühjüdischen Tradition entsprochen hat.

Manches, was früher in der Theologie als hellenistisch oder gnostisch beeinflusst galt, kann aufgrund unserer Kenntnis der Qumran-Schriften als aus jüdischer Tradition stammend begriffen werden. [1]

1 Otto Betz, Was wissen wir von Jesus? Der Messias im Licht von Qumran, 3. Auflage Wuppertal 1999.

Jesu Herkunft

Somit wird deutlich, in *welcher* Tradition Jesus im Judentum verankert war, nämlich in jener, die durch die charismatischen Propheten im Alten Testament begründet, von den Essenern in Qumran fortgeführt und in zahlreichen Ausprägungen der frühjüdischen Apokalyptik ihren Ausdruck fand. Auch später wurde in der jüdischen Mystik im Mittelalter die Tradition fortgesetzt, in der Jesus als Jude verstanden werden kann.

Gerade die Qumran-Schriften können uns aber auch zu sehen helfen, dass der geschichtliche Christus der Bibel nicht einfach ein anderer ist als der historisch erkennbare Jesus von Nazareth: Er hat sich von Gott zum Messias berufen gewusst und diesen Auftrag auf einzigartige Weise mit dem Weg des leidenden Gottesknechts verbunden. [1]

Der größte Teil der jüdischen Gelehrten und ultraorthodoxen Juden steht dem Anspruch Jesu jedoch ablehnend gegenüber, sie bezeichnen ihn sogar als Scharlatan. Erst in neuerer Zeit wird von einigen jüdischen Gelehrten Jesus wieder als Jude gesehen.

Eine Sonderstellung nehmen die *messianischen Juden* ein, die Jesus als Messias anerkennen.

Diese Aussage stellt bis heute eine grundlegende Weichenstellung für das Verständnis von Jesus.

> Jesus antwortete:
> ### Mein Reich ist nicht von dieser Welt.
> Die Bibel, Johannes 18, 36

Wenn Jesu Reich nicht von *dieser* Welt war, von *welcher* Welt war es dann?

In seinem Verhör vor seiner Kreuzigung antwortete Jesus dem Hohenpriester Pilatus auf die Frage, ob er der Messias, der Sohn Gottes sei:

Von nun an werdet ihr sehen den Menschensohn sitzen zur Rechten der Kraft und kommen auf den Wolken des Himmels.

Matthäus 26,64.

Es ist also theologisch mehr als legitim, Jesu nicht in erster Linie als Menschen zu begreifen, der gesellschaftlich und politisch etwas verändern wollte. Sein Anspruch war, mit der unsichtbaren Welt Gottes in Kontakt zu stehen und von dort aus seine Wirksamkeit zu entfalten.

Jesus im Islam

Jesus gilt im Koran als bedeutender Prophet und wird als Gesandter Gottes und Christus bezeichnet, allerdings nicht als Sohn Gottes, wobei der Koran in dieser Frage biologisch argumentiert, dass Gott keinen Sohn

1 Otto Betz, Rainer Riesner, Jesus, Qumran und der Vatikan. Klarstellungen, Gießen 1993, S.168.

haben könne. Allerdings bekräftigt der Koran Jesu Geburt von einer Jungfrau, seine Zeugung durch den Heiligen Geist, wonach Jesus ohne biologischen Vater durch ein Wunder entstanden ist. Weiterhin sagt der Koran, dass nicht Jesus gekreuzigt wurde, sondern an seiner Stelle jemand, der ihm ähnlich sah.

Da der Tod Jesu in der christlichen Tradition den Höhepunkt von Jesu Wirken darstellt, besteht hier ein fundamentaler Unterschied im Kern des Verständnisses von Jesus Christus zwischen Moslems und Christen.

Historizität

Wie ist die Historizität von Jesu Kreuzigung zu beurteilen? Aus wissenschaftlicher Sicht betrachtet haben wir mit dem Neuen Testament das am besten überlieferte Buch der ganzen Antike in der Hand.

Aber auch der römische Geschichtsschreiber Tacitus, der den Christen nicht freundlich gesonnen war, schreibt in seinen Römischen Annalen um 115 n. Chr. über die Christen: *Dieser Name stammt von Christus, der unter Tiberius vom Prokurator Pontius Pilatus hingerichtet worden war.* [1]

1 Tacitus, Annalen 15, 44, Reclam, Ditzingen 2013.
2 Gerd Theißen, Annette Merz: Die Quellen und ihre Auswertung. In: Der historische Jesus. Ein Lehrbuch. Göttingen 4. Auflage 2011, S. 35–124.

Das Kreuz

… wird im Islam als Provokation aufgefasst. Der Koran (610-632 n.Chr.) behauptet, dass Isa (Jesus) nicht gekreuzigt worden sei.

Die Leugnung der Kreuzigung Jesu geschieht aus theologischen Gründen, historische Quellen gibt es für diese Hypothese *keine*. Es würde gegen die Allmacht Allahs verstoßen und einen Sieg des Widersachers Allahs bedeuten, wenn sein Prophet Isa so grausam getötet worden wäre.

Alle Jahre wieder warten Buchautoren mit dem Fund von Pseudo-Quellen auf, die angeblich ein anderes Bild von Jesus verbreiten würden als das in den Evangelien.

Solche Thesen stimmen in der Regel nicht. Sie beruhen auf dem Barnabasevangelium (eine Fälschung aus dem Mittelalter) oder angeblich nicht veröffentlichten Qumrantexten.

Ebenso gehört es in den Bereich der Legenden, dass alte Texte von der Kirche vor dem Wissenschaftsbetrieb versteckt würden.

Es handelt sich bei diesen Theorien ausschließlich um Verschwörungstheorien.

Tacitus hatte wohl Zugang zu den staatlichen Archiven.

> Auch weltliche Historiker, Zeitzeugen
> und Kritiker hatten keinen Zweifel
> an der erfolgten Kreuzigung Jesu.

Auch der jüdische Geschichtschreiber Flavius Josephus schreibt 93 n. Chr. Etwas über Jesus: *Dieser war der Christus. Und obgleich ihn Pilatus auf Betreiben der Vornehmsten unseres Volkes zum Kreuzestod verurteilte, wurden doch seine früheren Anhänger ihm nicht untreu. Denn er erschien ihnen am dritten Tage wieder lebend.* [2]

Insofern ist die Kreuzigung Jesu eine der am besten bezeugten historischen Ereignisse und es gibt keinen Grund, sie nicht als geschichtliche Tatsache anzuerkennen. Der Apostel Paulus stellte den Gekreuzigten in den Mittelpunkt seiner Verkündigung, trotz aller Kritik.

Wir aber predigen Christus, den Gekreuzigten,
den Juden ein Ärgernis
und den Heiden eine Torheit.
Denen aber, die berufen sind,
Juden und Griechen, predigen wir Christus als
Gottes Kraft und Weisheit.
Die Bibel, 1. Korintherbrief 1, 23

Jesus im Hinduismus

Zu ersten Begegnungen von Indern und den vom Gnostizismus beeinflussten syrischen Thomaschristen kam es im 6. Jahrhundert. Im 19. Jahrhundert setzten sich einige hinduistische Gelehrte gezielt mit der Person Jesu auseinander.

fotolia

Keshabchandra Sen (1838 –1884) nannte Jesus einen Orientalen, der zu Indien gehöre und die Hindus aufrufe, *christusförmig* zu leben.

Ramakrishna Paramahamsa (1836–1886) erlebte bei der meditativen Betrachtung einer Ikone der Maria mit dem Jesuskind eine Vision: Jesus Christus sei ihm als Lichtgestalt aus dem Bild heraus erschienen und habe gegen seinen Widerstand von seinem Herzen Besitz ergriffen, so dass er den Kali-Tempel drei Tage lang nicht habe betreten können. Am dritten Tag sei die Lichtgestalt ihm direkt begegnet und habe sich ihm als innere Stimme offenbart:

Dies ist Christus, der das Blut seines Herzens für die Erlösung der Welt vergossen hat, der ein Meer des Leidens durchschritten hat aus Liebe zu den Menschen. Es ist Er, der Meister-Yogi, ewig eins mit dem Vater.

Hinduismus [1]

… ist mit der westlichen Logik nicht zu begreifen. Hier ist Platz für alles. Der Hinduismus lehnt niemals irgendetwas ab. Es ist ein großer Ozean (Sindhu).

Ein wahrer Hindu wird keinerlei Probleme haben, andere Glaubensvorstellungen anzunehmen. Der Ozean wird niemals irgendein Wasser ablehnen; es umarmt alles.

Eine so weite Definition, eine solche Vielfalt an Glaubensvorstellungen und -praktiken scheint nur schwer unter ein gemeinsames religiöses Dach zu passen. Nicht zuletzt deshalb hat man immer wieder behauptet, dass der Hinduismus weniger ein Glaubensbekenntnis als vielmehr eine Kultur darstelle, die sich in unterschiedlichen religiösen Vorstellungen wiederfinde.

Eine Religion, die weder über einen Gründer, ein einheitliches heiliges Buch, eine klar strukturierte Lehre und eine deutlich erkennbare Führung verfügt, lässt sich in kein Schema pressen.

fotolia

1 Johannes Reimer, Mit Hindus über Jesus reden, Francke-Verlag 2016

Jesus im Buddhismus

Buddha lehrte, dass der Weg zur Erlösung jedem Wesen zugänglich sei und es keines Erlösers bedürfe. Gottesbilder sind im Buddhismus daher höchstens eine Veranschaulichung, aber nicht notwendig. Die Göttlichkeit im westlichen Sinne wird Jesus abgesprochen, seine Buddhanatur dagegen weitgehend anerkannt.

Jesus wird im Buddhismus als spiritueller Lehrer angesehen, der selbst den Weg der Erlösung gegangen ist. Weitere wichtige Punkte sind seine Feindesliebe, seine Barmherzigkeit, die Vergebung und die Hingabe an andere. Darin sehen Buddhisten eine vorbildliche Verwirklichung der Buddhanatur und das Zeichen von Jesu Erleuchtung.

Eine Schwierigkeit für das Verständnis ist der Anspruch auf die universale und exklusive Heilsbedeutung des Christusereignisses und die Vorstellung eines zielgerichteten Heilsgeschehens, da alle Geschichte nur Schein und nur eine ewige Wiederkehr des Gleichen ist.

Daraufhin habe die Gestalt ihn umarmt und sei mit seiner Seele verschmolzen. Seitdem habe er nicht mehr an Jesu Göttlichkeit gezweifelt und ihn als Avatar neben anderen Inkarnationen des Göttlichen verehrt.

Diese Rezeption geht von einer Vielfalt der möglichen Wege zu Gott aus und erkennt die Gottheit Jesu Christi durch ein meditativ erreichbares, emotionales und mystisches Erlebnis (Bhakti). Dabei soll es zu einer *spirituellen Realisierung* des Göttlichen in der menschlichen Seele kommen, die diese auf eine höhere Bewusstseinsstufe hebt.

Swami Akhilananda (1894–1962) sah Jesus als echten Yogi, der alle drei Arten des Yoga geübt und den Weg zum Samadhi (rechter Versenkung) gezeigt habe. Für Swami Abhedananda war er der Sohn Gottes, der alle Dualität aufhebe. In ihm höre jeder Gedanke der Trennung von Gott und Mensch für immer auf; als der gewaltige Einbruch des göttlichen Wesens breche er alle Barrieren und Grenzen des menschlichen Bewusstseins nieder.

Die Rezeption Jesu im Hinduismus unterscheidet sich in einigen Zügen deutlich von jener im Judentum, Islam und im westlichen Atheismus. Gerade mit Jesu Göttlichkeit und Inkarnation haben Hindus meist kein Problem. Sie sehen ihn oft wie selbstverständlich als volle Manifestation des Krishna-Wesens, das in Menschengestalt auf die Erde *herabgestiegen* (Avatara) sei, um den Menschen ihr eigenes Wesen zu offenbaren, damit sie werden können, was sie von Ewigkeit her sind (Sri Aurobindo).

Auch Jesu Armut, sein Leiden und Sterben werden als totale Hingabe an Gott und Selbsterniedrigung, die Gottes Wesen entspricht, gewürdigt und akzeptiert.

Jesus im Christentum

Der Evangelist Johannes erzählt das Gespräch von Jesus und Nikodemus, in dem Jesus sich auf eine Geburt beruft. Diese unterscheidet sich von der physischen Geburt.

Die physisch-spirituelle Analogie ist hier offensichtlich. Jesus bekräftigt dies durch eine Erklärung, *was aus Fleisch geboren ist, ist Fleisch, und was aus dem Geist geboren ist, ist Geist,* und er greift zu einer Veranschaulichung zum Beispiel des Windes, der den physischen Wesen unsichtbar ist. Ebenso sind diejenigen, die als Geistwesen wiedergeboren wurden, unsichtbar.

> *Wahrlich, wahrlich, Ich sage dir:*
> *Wenn jemand nicht aus Wasser und Geist geboren*
> *wird, kann er nicht ins Reich Gottes eingehen.*
>
> Die Bibel, Johannes 3,5

Reinkarnation

… ist kein Thema in der christlichen Theologie.

Wörtlich übersetzt heißt Reinkarnation *wieder ins Fleisch kommen* und bezeichnet die Vorstellung, dass die Seele in einem neuen Leib als Mensch, als Tier oder auch als Pflanze, neu geboren wird.

Manche Befürworter der Lehre von der Reinkarnation behaupten, in der Bibel seien Texte vor langer Zeit entfernt worden, die angeblich die Vorstellung einer Reinkarnation enthalten hätten. Dafür gibt es aber keine Anhaltspunkte.

Die biblische Lehre von der Wiedergeburt ist ein einmaliges spirituelles Geschehen, das den Wiedergeborenen in das Reich Gottes versetzt.

Im genauen Sinn des Wortes müsste Wiedergeburt (gr. Anothen gennethenai) richtiger mit *Neugeburt* oder *Zeugung von oben* übersetzt werden. [1]

In diesem Prozess findet ein intensiver Austausch zwischen dem menschlichen und dem göttlichen Bewusstsein statt. Gottes Geist ist sicherlich der entscheidende Part. Aber er interagiert mit dem menschlichen Geist in einer Art, die an eine (wenn auch ungleichgewichtige) Kooperation denken lässt:

1 Evangelisches Lexikon für Theologie und Gemeinde Bd.3, Wuppertal 1994 S.2165.

Mimetik,

abgeleitet vom griechischen Wort Mimesis (Nachahmung), hat bei dem französischen Philosophen René Girard die Bedeutung der kollektiven Gewalt erhalten. Weil sich alle, die Jesus nachstellten und ihn schließlich ans Kreuz brachten, als Kollektiv verhielten, herrschte die Allmacht des Mimetischen. Selbst Pilatus, der sich als erster weigerte, Jesus zu verurteilen, stimmte letztlich mit dem Kollektiv.

Die Darstellung der Evangelien macht klar, dass Jesus ein Sündenbock war, ein Ersatzopfer. Um die heftige Gewalt durch die Römer zu verhindern, wiederholte Kaiphas, was die Menschen vom Beginn der Welt an behaupten: Die Opferung der Sündenböcke sorgt für Frieden in der Gemeinde. Ein zweifelhafter Friede: auf Kosten des einzigen Opfers.

René Girard identifiziert den Sündenbockmechanismus mit dem Satan. Er ist der Herrscher der Welt, sein Wesen sind Tod und Lüge.

Satan ist der Zerstörer, der die mimetische Rivalität anheizt und die zwischenmenschliche Gewalt hervorbringt. Er ist mit dem Sündenbock-Mechanismus verbunden.

Wie viele ihn aber aufnahmen, denen gab er Macht, Gottes Kinder zu werden: denen, die an seinen Namen glauben.
Die Bibel, Johannes 1, 12

Christus universal

Die ersten Christen stellten den Anspruch, dass Jesus Christus eine universale Bedeutung habe, das bedeutet: Jeder Mensch, ganz gleich aus welchem Kulturkreis er kommt und zu welcher Religion er gehört, kann durch Teilhabe am universalen Christus auch eine Teilhabe an Gott selbst und seinem Reich erfahren. Um diese universale Bedeutung zu erkennen, ist es notwendig, den Blick auf das zentrale Ereignis im Leben Jesu zu richten: sein Ende, seinen Tod am Kreuz.

Ein Blick in die Welt zeigt, dass Menschen für die Gewalt in der Welt verantwortlich sind. Wenn man die Geschichte vom Leiden und Sterben Jesu in den Evangelien liest, bekommt man ein Beispiel für diese Gewalt geliefert. Jesus wurde regelrecht zum *Sündenbock* gemacht, von einer Horde von Gegnern verfolgt und er wurde zum Opfer dieses Mobs. Jesu Christi Passion gehört zu den Folgen des Mordes, der vom Satan durch den Sündenbock-Mechanismus verursacht wurde.

> Er hat die Mächte und Gewalten ihrer Macht entkleidet und sie öffentlich zur Schau gestellt und hat einen Triumph aus ihnen gemacht in Christus.
> Die Bibel, Kolosserbrief 2, 15

Aber nun ist im Neuen Testament von der Einzigartigkeit des Geschehens die Rede: Indem die Lüge der Struktur ans Licht gebracht wurde, stellt das Kreuz die Welt auf den Kopf. Satan, seine Anschuldigungen, sein Sündenbock-Mechanismus sind total enthüllt, sie sind nicht mehr in der Finsternis, sondern in aller Öffentlichkeit. Am Kreuz ist die Stunde Satans gekommen, als Herrscher dieser Welt wurde er hinausgeworfen.

Die Kreuzigung Jesu war ein Opfermechanismus unter anderen, er lief wie alle anderen Opfermechanismen ab, aber er hatte andere Ergebnisse als alle anderen. Ein für allemal entglitt der Opfermechanismus der Kontrolle des Teufels. Kraft des Kreuzes ist Satan vom Himmel gefallen und hat seine Macht der Gewalt verloren.

Die Deutung Girards ist sehr nahe an dem klassischen Versöhnungsgedanken des Urchristentums und der Alten Kirche, wie ihn Gustav Aulén herausgearbeitet hat. Doch wie kann eine solche Deutung des Todes Jesu eine universale Bedeutung haben, eine Relevanz für *jeden* Menschen, nicht nur für diejenigen, die mit dem Kulturkreis des damaligen Palästinas verbunden waren?

1 Gustav Aulén, Die drei Haupttypen des christlichen Versöhnungsgedankens, in: ZSTh 8 (1931), 501–538.

Gustav Aulén

(1879 - 1977) stellte die drei Haupttypen des christlichen Versöhnungsgedankens heraus. [1]

Erstens: Der klassische Versöhnungsgedanke des Urchristentums und der Alten Kirche geht davon aus, dass Gott und Welt miteinander versöhnt sind, indem Christus die Unheilsmächte Sünde, Tod und Teufel besiegt habe, was in dramatischen Bildern beschrieben werde. Gott ist Subjekt der Versöhnung und selbst der Opfernde.

Zweitens: Der lateinische Versöhnungsgedanke denkt das Verhältnis von Mensch und Gott im Sinne einer Rechtsordnung und geht von der Satisfaktion (Wiedergutmachung) aus. Gott nimmt das Opfer entgegen, das Christus gebracht hat. Dieser lateinische Typus ist heute sehr in die Kritik gekommen, da sich Menschen fragen, ob Gott das Opfer seines Sohnes brauche, um versöhnt zu werden.

Drittens gibt es den idealistischen Versöhnungsgedanken in der Folge der Epoche der Aufklärung. Hier geht die Versöhnung vom Menschen aus, dessen Heil von seinem moralischen Habitus abhängt. Christus erscheint als das menschliche Urbild.

Mission

Die ersten Christen verstanden ihren Glauben nicht als einen Glauben, der nur auf einen bestimmten Kulturkreis beschränkt wäre.

Die Möglichkeit einer Bekehrung zum Glauben an Jesus Christus wurde Menschen aus allen Religionen und Kulturkreisen angeboten, ob es Juden, Griechen oder Römer waren. Selbst in Kulturen, die dem Christentum feindlich gesonnen waren, setzte sich das Christentum durch - zunächst auf die einzige Art und Weise, wie sie seinem Gründer entsprechen kann: durch *friedliche* missionarische (werbende) Bemühungen.

Was Christus getan hat, ist so in dieser Form einzigartig in der Überlieferung. Ihm erwächst auch in einem Vergleich mit den Religionen keine Konkurrenz von irgendeiner Seite. Weder Mohammed noch Buddha noch andere Größen der Weltreligionen sind so mit dem überlieferten Leben und Wirken Jesu vergleichbar.

Aus diesem Grund stellt der Glaube an Jesus Christus nach wie vor für jeden religiösen Menschen einen gangbaren Weg dar, nicht nur für Anhänger des Christentums.

Eine universale Bedeutung kann das Geschehen um Jesus nur haben, wenn jeder Mensch in der Lage ist, eine innere Verbundenheit mit dem gegenwärtigen Geist Jesu Christi zu erfahren. Diese Teilhabe an Christus hat schon die Urchristenheit als spirituelle Neugeburt erfahren. Auch heute können Menschen an dieser zentralen Wirkung der Taten Christi teilhaben.

> Jetzt ergeht das Gericht über diese Welt;
> nun wird der Fürst dieser Welt
> ausgestoßen werden.
> Und ich, wenn ich erhöht werde von der
> Erde, so will ich alle zu mir ziehen.
>
> Die Bibel, Johannes 12,31f

Vergegenwärtigen wir uns noch einmal worum es geht, wenn eine Teilhabe am Geist Christi eine befreiende Wirkung für das eigene Leben entfalten soll. Jesus wurde als Mensch zum Opfer des mimetischen Systems, um das System zu überwinden. Eine geistliche Anteilhabe an diesem Geschehen verspricht, dass heute Menschen ebenfalls aus diesem System befreit werden können.

Teilhabe und Nachfolge

Durch die geistliche Anteilhabe an Christus können Menschen auch heute aus diesem System befreit werden. Wer liebt, verzichtet auf das eigene Begehren, sogar auf sein Leben, um das Leben des anderen zu retten.

Für Girard gibt es zwei Arten von Nachahmung: Die gewalttätige oder die gewaltfreie. Ersteres bringt immer Gewalt hervor, letzteres erzeugt Gewaltlosigkeit, denn die Personen ahmen ein friedliches Modell und Vorbild nach. Um die Gewalt zu überwinden, zeigte uns Jesus einen Weg: Nachahmung der Liebe und der Versöhnung. Jesus, der uns zu Gott, dem Vater, führt, ist gleichzeitig Nachahmender und Nachgeahmter: *ahmt mich nach, wie ich den Vater nachahme.*

Für den Menschen, der sich als Sünder und Gefangenen erlebt, liefert die mimetische Theorie einen Ausweg aus der Gewalt: *Konversion* (Bekehrung).

Der bekehrte Mensch ist jeder, der sich bewusst ist, dass er seinem mimetischen Begehren ausgeliefert ist, der den Sündenbock-Mechanismus zurückweist, um die Logik der Liebe und der Versöhnung anzunehmen.

Schuld und Vergebung

Es kommt nicht von ungefähr, dass der Name Jesus Christus für viele mit dem Thema Schuld und Vergebung zu tun hat. Christen treten im Gebet nicht nur in innere Zwiesprache mit dem universellen Bewusstsein Gottes, sondern bitten in entscheidenden Situationen auch den Geist Jesu, ihnen Versöhnung und Vergebung zuteil werden zu lassen.

Dies ist besonders dann der Fall, wenn seelische Zwiespälte durch innere oder äußere Konflikte im eigenen Leben entstanden sind, in denen das Gewissen die eigene Person anklagt und in Frage stellt. Jeder Mensch kennt solche Situationen, wenn plötzlich das eigene Versagen und falsches Handeln in Lebenssituationen, so übermächtig wird, dass wir in irgendeiner Form mit dieser inneren Anklage ins Reine kommen müssen.

Ein Gebet,

gerichtet an Jesus Christus, ist ein zentrales Element im christlichen Glauben, der nicht nur Gott als Adressaten seiner Gebete kennt, sondern auch den lebendigen Geist Jesu. Folgendes Gebet von Papst Benedikt IVX. kann dafür als Beispiel gelten.

Herr,
du bist zum Tod
verurteilt worden,
weil Menschenfurcht
die Stimme des Gewissens
erstickte.
Die ganze Geschichte
hindurch werden so immer
wieder die Unschuldigen
geschlagen, verurteilt und
getötet.
Wie oft haben wir selbst den
Erfolg der Wahrheit,
unser Ansehen der Gerechtig-
keit vorgezogen.
Gib der leisen Stimme des
Gewissens, deiner Stimme,
Macht in unserem Leben.
Schau mich an, wie du Petrus
nach der Verleugnung
angesehen hast.
Lass deinen Blick in unsere
Seele dringen und unserem
Leben die Richtung geben.
Denen, die am Karfreitag
gegen dich geschrien hatten,
hast du an Pfingsten die
Erschütterung des Herzens
und die Bekehrung
geschenkt.
So hast du uns allen
Hoffnung gegeben.
Schenke auch uns immer neu
die Gnade der Bekehrung.

Josef Kardinal Ratzinger,
Kreuzwegandacht 2005

Glauben

ist nicht ein bloßes Für
-wahr-halten von
Lehrsätzen.

Nach dem Hebräer-
brief ist der Glaube
eine feste Zuversicht
dessen, was man
hofft, und ein Nicht-
zweifeln an dem, was
man nicht sieht.
(Hebräer 11,1)

Christlicher Glaube
besteht in einer inne-
ren Resonanz mit der
unsichtbaren Welt,
mit dem Bewusstsein
Gottes und mit dem
Geist Jesu Christi.

Glaube umfasst das
Gefühl und den Ver-
stand. Er durchströmt
die gesamte Existenz.
Man wird vom Glau-
ben regelrecht ergrif-
fen.

Gehen wir einmal davon aus, dass der unsterbliche Geist Jesu uns heute noch so nahe ist, wie das für die gesamte unsichtbare Welt gilt, die uns umgibt, dann ist der Geist Jesus Christus genau der richtige Adressat für unser Anliegen, zumindest was die unsichtbare Welt angeht. Denn eines seiner größten Verdienste, die sich Christus erworben hat, war zweifellos seine Fähigkeit, selbst seinen Feinden zu vergeben, den Menschen, die ihn ans Kreuz gebracht hatten. Was Jesus in seinem Leben gepredigt hatte, hat er selbst bis zu seinem Lebensende in der Tat verwirklicht. Ist es denkbar, dass es zu einer Teilhabe an diesem Verdienst Jesu kommen kann, so dass unser menschlicher Geist Versöhnung erfahren kann?

> und vergib uns unsere Schuld,
> wie auch wir vergeben unseren
> Schuldigern.
>
> Die Bibel, Matthäus 6,26

Versöhnung

Das Gebet Jesu, das als Vaterunser in der christlichen Tradition Bedeutung gewonnen hat, spricht im Zusammenhang von Schuld und Vergebung von zwei Seiten des Versöhnungsgeschehens: Vergebung empfangen und Vergebung gewähren.

Diesen Zustand der Versöhnung, den man als Frieden mit sich selbst, mit Gott und den Mitmenschen beschreiben kann, ist ein Zustand, in den ein Mensch durch den Glauben an Jesus Christus gelangen kann. Der Schlüssel dazu ist das Verständnis von Glauben nicht als ein bloßes Fürwahrhalten von Glaubenssätzen, sondern als ein Verständnis von Teilhabe, Teilhabe am universalen Bewusstsein Jesu Christi und der Teilhabe an seinem Werk der Versöhnung, das er hier auf Erden vollbracht hat.

Nachwort

Es war nur ein kleiner Streifzug durch Theologie und Quantenphysik. Aber ich hoffe, die angesprochenen Themen haben Sie inspiriert, einen eigenen Standpunkt im Glauben zu suchen und zu finden. Vielleicht ist deutlich geworden: Die moderne Physik steht der Theologie näher als je zuvor. Aber es ist ihr bisher nicht gelungen, Gott in die Karten zu schauen. Vielleicht hat sie noch nicht weit und tief genug geschaut. Werner Heisenberg wird der Satz zugeschrieben: *Der erste Schluck aus dem Becher der Naturwissenschaft macht atheistisch, aber auf dem Grunde des Bechers wartet Gott!*

Vielleicht brauchen die Naturwissenschaftler aber auch die Korrektur durch die Religion. Nach dem Zeitalter der Kirche mit seinem mittelalterlichen Weltgebäude folgte bekanntlich der Sieg der Naturwissenschaften. Heute sind wir an einem Punkt angelangt, an dem Naturwissenschaft und Religion nur gemeinsam Antwort auf die Frage geben können, was die Welt im Innersten zusammenhält. Dazu kommt die Erfahrung der Menschen, die im Glauben an Gott eine existentielle Alternative im Leben gefunden haben. Vielleicht können wir *alle,* Naturwissenschaftler und Religiöse, Intellektuelle und Spirituelle, eines Tages gemeinsam ein Lob auf den Schöpfer anstimmen.